こねずにできる　ふんわりもちもち

フォカッチャ

FOCACCIA

はじめに

私がフォカッチャを焼きはじめたのは10年くらい前のこと。
まだパン作りの経験が浅かった時期ですが、
友人と会うときに作っていけば、
まるで奪い合うように完食される人気者でした。
「また焼いてきて」「レシピを教えて！」という声も多く、
いつしかフォカッチャは私の十八番になりました。

近年では本場のイタリアだけでなく、
昔、私が働いていたフランスや、日本でも食べられる
機会と場所が増えてきたフォカッチャ。
こんなにもいろいろな人たちに広く食べられている理由は、
フォカッチャの懐の深さによるものだと思います。
例えば、大きく平たく、どーん！と焼くから、
発酵具合に多少の違いがあってもおいしく仕上がるといった点や、
どんな具材とも相性がよく、合わせやすいといった点が、
フォカッチャのおおらかさにつながります。
アレンジ上手な日本人のチャレンジ心をくすぐるといった魅力もあるので、
パン作り初心者はもちろん、経験者の方にも楽しんでもらえるはずです。

この本では、パン作りの経験がない人でも作りやすいよう、
分かりやすい分量で、こねずに作れる製法にしています。
さらに、発酵も冷蔵庫の野菜室で冷やしながらゆっくりとおこなうので、
朝、焼きたてが食べたい方は、夜寝る前に準備しておけばＯＫ。
生活の中で無理なくフォカッチャ作りをはじめることができます。

日々のレパートリーにフォカッチャが当たり前のように加わり、
家族や友人と切り分けながら、おいしく食べてもらえたらうれしいです。

池田愛実

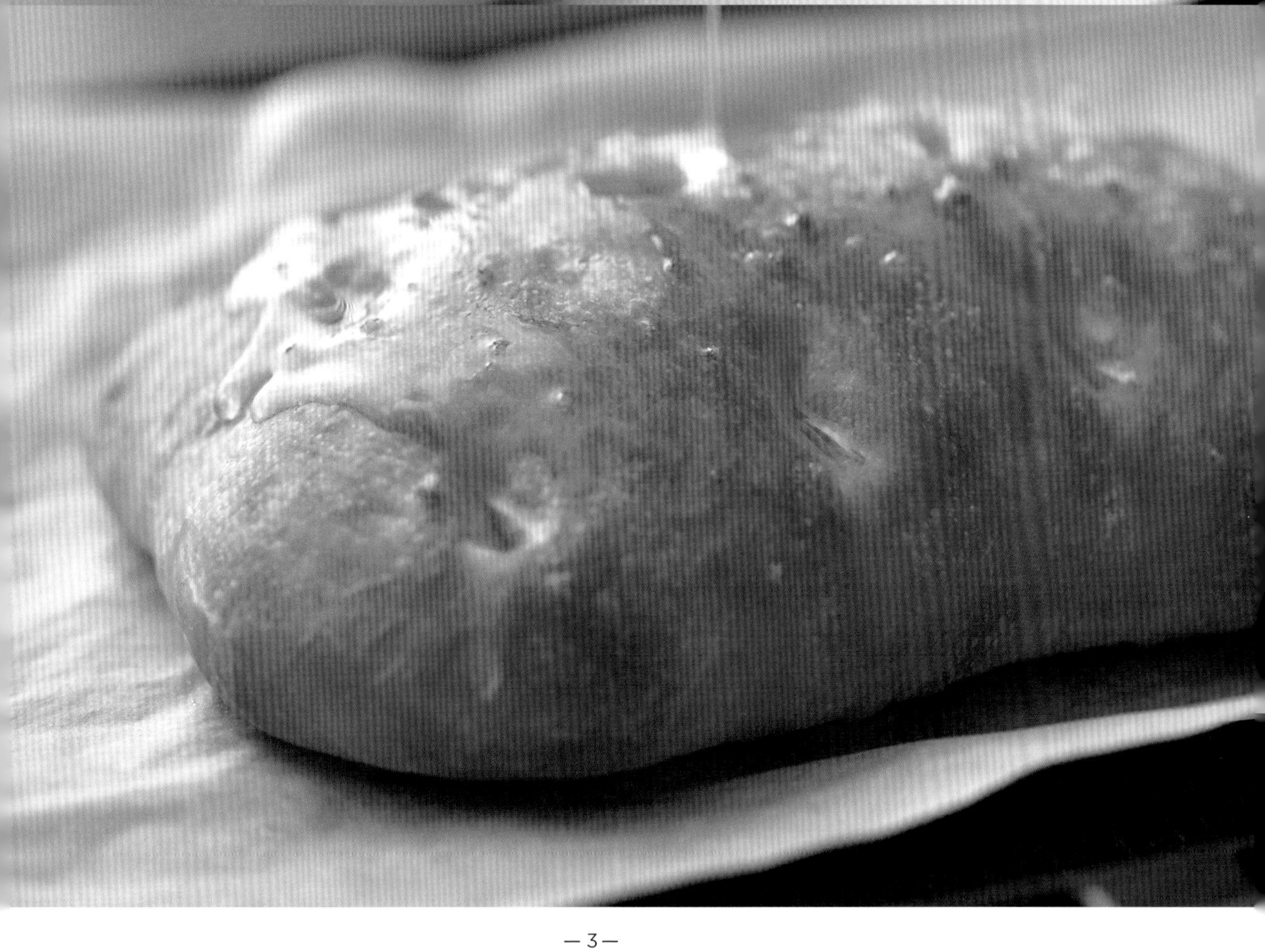

Part1

フォカッチャ

[のせる]

この本の約束

- 大さじ1は15mℓ、小さじ1は5mℓです。
- 「ひとつまみ」とは、親指、人差し指、中指の３本で軽くつまんだ量のことです。
- オーブンはあらかじめ設定温度に温めてください。焼き時間は、熱源や機種などによって多少差があります。レシピの時間を目安に、様子を見ながら加減してください。
- オーブンの発酵機能の操作は、機種によって異なります。取扱説明書を確認してください。
- 電子レンジの加熱時間は、600Wが基準です。500Wの場合は加熱時間を２割増しにしてください。
- バターはとくに表記のない場合は、有塩タイプです。

フォカッチャってなに？

フォカッチャとは、生地にオリーブオイルを練り込んだ
イタリア生まれの平たいパンのこと。
その歴史は古代ローマ時代にまでさかのぼるといわれ、
ピザの原型だったという説もあります。イタリアでは
前菜やおつまみ、サンドイッチとして食べるのが定番で、
老若男女を問わず、幅広い層から愛されています。

本書では、より日本人の好みに合わせるために国産小麦を使い、
厚めに成形することで、ふんわりもっちりとした食感に仕上げました。
さらにいろいろな具材をのせたり、混ぜたりすることで、
惣菜パンや菓子パンとしても楽しんでもらえるレシピにしています。

パン作りをはじめてみたい……けど、
難しいんじゃないか、自分では作れないんじゃないかと
今までチャレンジできなかった人でも、
本書で紹介するフォカッチャなら大丈夫。
こねずに混ぜるだけ＆冷蔵庫の野菜室でゆっくり発酵させる
簡単レシピなので、とても作りやすいです。

低温発酵だとかかる時間は長めですが、夜にパパッと仕込んでおけば、
寝ている間に発酵が終わるのでとっても効率的！
時間をかけて発酵させることで、粉に水がしっかりと浸透して
粉のおいしさを引き出してくれるといった利点もあります。

ソーセージやチーズをのせた「おかずフォカッチャ」から
フルーツやチョコをのせた「スイーツフォカッチャ」まで ……。
豊富なバリエーションで、日々の食卓がより充実するはずです。

SANDWICH

具をはさんで、
食べ応えもアップ！

厚みを半分に切って好みの具材をいろいろはさめば、ごちそうサンドに。きんぴらやチキンの照り焼きなど、フォカッチャは和素材とも好相性です。

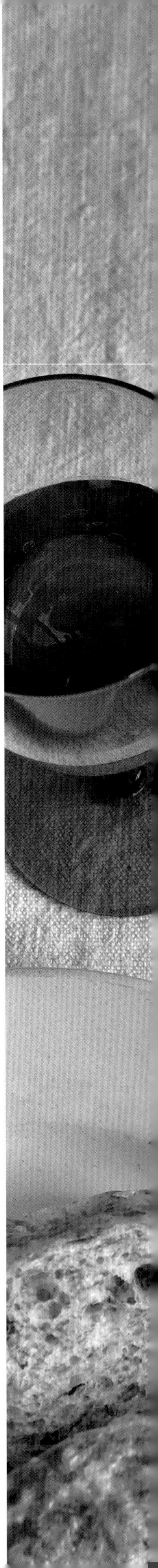

材料について

せっかく作るなら、材料のことをちゃんと知っておくと、スムーズにフォカッチャ作りをはじめられます。材料を購入する場合は、ぜひ一読してから準備を！

□ 強力粉

本書では「はるゆたかブレンド」（北海道産）を使用。粉はフォカッチャの味を左右するので、自分がおいしいと思う小麦粉を使ってください。もちもちとした日本人の好きな食感に仕上がるのは、国産小麦ならではです。

□ 塩

塩味とうま味を感じられる「ゲランドの塩」をおもに使っていますが、「伯方の塩」などでもOK。生地の中には、粒が細かくてなじみやすい塩を使い、生地の表面には味と食感がアクセントになる粗塩を使うと◎。

□ 砂糖

上白糖を使用していますが、きび砂糖やてんさい糖でも同様に作れます。砂糖は生地に甘みを足すのはもちろん、イーストによる発酵を促す役割や、生地にしっとり感をプラスする作用もあります。

□ インスタントドライイースト

生地をふくらませるイーストは、フォカッチャ作りに欠かせません。発酵力の強いインスタントドライイーストなら、予備発酵なしで生地に混ぜられ、使いやすいです。本書では使用する量を少なくし、ゆっくり発酵させています。

□ オリーブオイル

エキストラバージンオリーブオイルを使用。生地に入れたり、表面にかけたりすることで、風味がよくなり、香ばしい食感に。とくに焼き上がりにかけるオイルは、良質なものを選ぶと味がワンランクアップします。

□ 牛乳

塩系のおかずフォカッチャでは生地に水を加えて作りますが、スイーツフォカッチャでは水を牛乳にかえて作ります。牛乳で仕込むことで、菓子パンのようにミルキーな生地になり、リッチな味わいに。

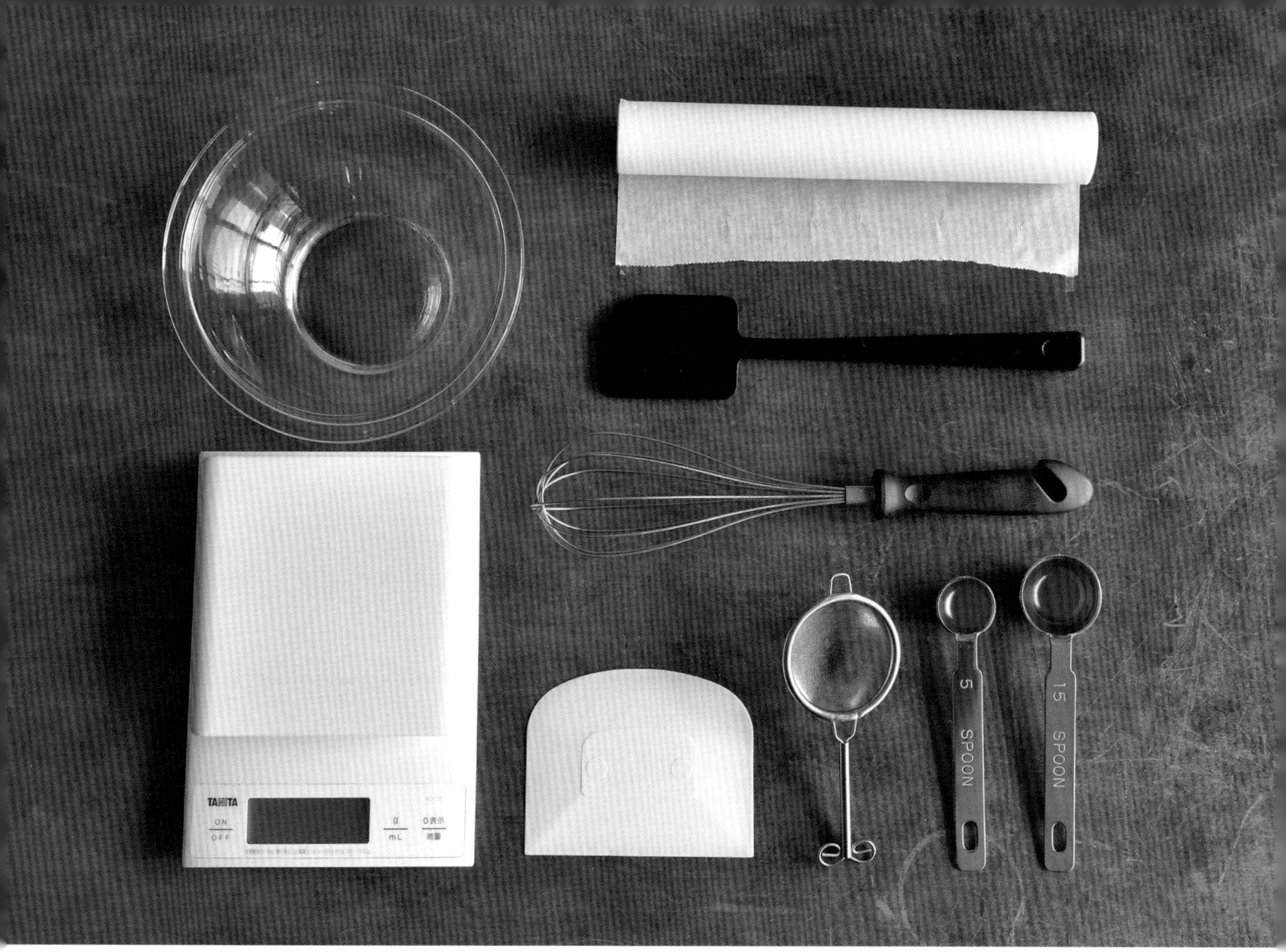

道具について

フォカッチャは身近な道具で手軽に作れるのもいいところ。基本はお手持ちのものを使ってもらえば大丈夫ですが、サイズ感や用途などは以下を参考にしてください。

□ ボウル

直径約18㎝のものが、混ぜやすく、使いやすいです。発酵の際、大きすぎると野菜室に入れるときに不便なので、適度な大きさのものを。

□ 電子スケール

フォカッチャ作りでは、とくにイーストの正確な計量が必要！　発酵を左右するので、1g以下の単位も計量できるスケールを使用してください。

□ オーブン用シート

フォカッチャを焼くときに天板やバット、型に敷くと、生地がくっついてしまうのを防げます。洗ってくり返し使えるタイプを使用しても。

□ ゴムべら

持ち手部分とへら部分が一体になっているものを使用。粉類と水分を合わせるとき、柄の長いゴムべらだと手を汚さずに混ぜることができます。

□ 泡立て器

イーストを水分に効率よく溶かし混ぜることができます。持ちやすく、手になじむものがオススメですが、持っていない場合はフォークでも代用可能。

□ カード

粘りけがでてきた生地を混ぜるときや、ボウルから生地を取り出すときに重宝。カードに適度なかたさとしなりがあると、作業しやすいです。

□ 茶こし

茶こしを使うことで、生地に打ち粉を均一にふることができます。打ち粉の量は、生地が台や手にくっつかない程度に調整しましょう。

□ 計量スプーン

材料の計量時に使用。生地に入れる塩、砂糖、油は、電子スケールを使用しなくても、計量スプーンで量りやすい分量にしています。

COLUMN 1

作りはじめる前に、ココをチェックしよう！

フォカッチャQ＆A

作っていると「あれ、なんで？」と、疑問が出てくることってありますよね。
せっかくフォカッチャを作るなら、工程のポイントや仕組みを理解しておくことで、
失敗したり、迷ったりすることなく、作業を進めることができます。

Q1 水や牛乳の温度って重要？

A 水や牛乳の温度は生地の発酵に影響を与える、大事なポイント！　生地が冷たすぎるとうまく発酵しないので注意を。使用する粉が常温の場合、発酵に最適な水温は、室温が20℃前後の「春・秋」は20～25℃、室温が10℃前後の「冬」は30～35℃、室温が30℃以上の「夏」は0～5℃です。「春・秋」は水道水をそのまま使えば問題なく作れますが、「夏」は冷蔵室で水を冷やし、「冬」は水を電子レンジで少し温めてください。牛乳の場合は普通、冷蔵室に入れますので、季節によってレンジで温め、温度を調整をしてください。

Q2 折りたたむ作業はなんのためにするの？

A ほとんどこねず、混ぜるだけの生地は、フォカッチャの骨格となる“グルテン”の結びつきが弱い状態。“パンチ”と呼ばれている折りたたむ作業をすることで、弾力や粘りけを強化して生地のふくらみをよくしたり、ふんわりやわらかくする作用が！　折りたたむときは手を水でぬらしておくと、生地がくっつかずにやりやすいです。

Q3 野菜室に入れる前に室温におくのはなぜ？

A 生地を折りたたむ工程の前後に30分ずつ室温におくことで、生地内のイースト菌を目覚めさせ、発酵をスムーズに進めやすくします。すぐに冷やすと発酵がうまく進まないので、ひと呼吸おくことで、生地を効率よくふくらませましょう。

Q4 なんで野菜室に入れるの？

A 冷蔵庫の温度は冷蔵室が平均5℃で、野菜室が平均7℃。冷蔵室だと発酵がほぼ止まった状態になりますが、野菜室だと発酵がゆっくり進む状態になります。すぐに生地を焼けず、これ以上発酵を進めたくないときは、冷蔵室に移しましょう。

Q5 生地の上下は返した方がいいの？

A ひっくり返して生地の閉じ目を下にし、表面をなめらかな状態に整えることで、焼いたときにフォカッチャの仕上がりがキレイになります。

Q6 2倍にふくらまなかったらどうすれば?

A 8時間以上おいても生地が2倍にふくらまなかったときは、しばらく室温において発酵が進むのを待ちましょう。ふくらまなかった原因は、水温が適切でなかったことや、イーストが古い可能性が考えられます。水温は温度計で測り、イーストは密閉して冷蔵室で保存し、1～2か月で使い切ってください。また、ふくらむ前の生地の高さにマスキングテープで印をつけると、ふくらみ具合が分かりやすいです。

Q7 生焼けの原因は?

A 具をたっぷりのせると、その分生地に火が入りづらくなります。また、水分が多い具は、火が通りにくいので生焼けになることも。具の水けをよくきる、具をのせすぎない、生地を薄めにして焼き時間を長めにとる!などが、生焼けを防ぐコツです。

Q8 生地はどのくらい保存できる?

A 一次発酵後の状態で約2日(翌々日まで)野菜室で保存ができます。焼いたフォカッチャは室温で約3日保存ができますが、こねずに作るパンはパサつきやすいので、できれば当日か翌日に食べきりましょう。食べきれない場合はすぐに冷凍を! ラップで包んでから冷凍用保存袋に入れ、冷凍室で約2週間保存可能です。食べるときは、自然解凍するか、蒸し器で凍ったまま蒸しても。

Q9 一次発酵を室温でおこなえば、ひと晩待たなくても焼ける?

A 当日焼く場合は、野菜室に入れずにそのまま生地が約2倍の大きさになるまで室温においておけばOK(季節と室温によって、かかる時間は異なります)。野菜室で発酵させることで、粉に水分がしっかりと浸透して粉のおいしさを引き出すといった効果もありますが、生活スタイルに合わせて一次発酵は進めてください。

Q10 なぜ打ち粉をふるの?

A 一次発酵後の生地は、表面がベタベタとくっつきやすい状態。そのまま生地を台に取り出すと作業がしづらいので、打ち粉をふって生地が台や手がにくっつかないようにしましょう。

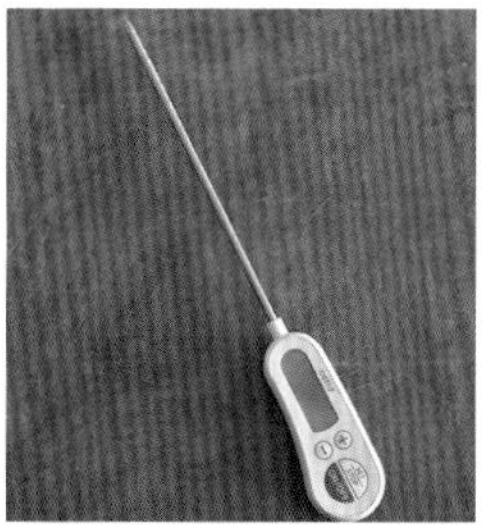

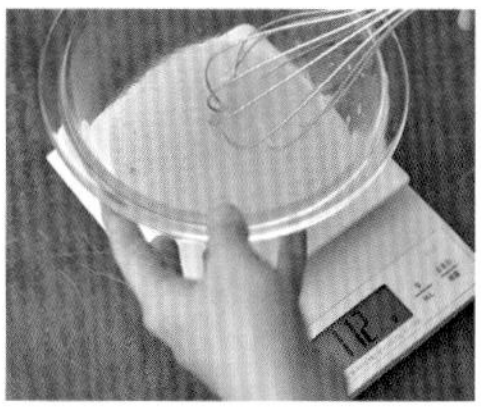

Q11 持っていると重宝する道具は?

A 温度計と電子スケール。温度計で水や牛乳、生地の温度を測ることで、フォカッチャの発酵を失敗なく進められます。電子スケールは使い方に慣れてくると、電子スケールの上にボウルを置いて材料を量りながら作業ができて便利。材料を加えたら1回1回リセットすることで、どんどん材料を加えながら計量もすることができ、効率的です。

Q12 保存容器でも作れる?

A 底がボウルのように丸くなった保存容器なら、ボウルのかわりに使うことができます。保存容器にはフタがついているので、発酵時にラップをムダ使いすることもありません。

Part 1 ／ フォカッチャ

そのまま食べたり、料理のつけ合わせにしたり、おつまみにしたり……。
いろいろな食べ方を楽しめる、ふんわり食感の食事パンは、アレンジも手軽にできます。

基本のフォカッチャ

オリーブオイルの香りと塩のうま味で
焼き上げたフォカッチャは、シンプルな味わいが
あとを引き、飽きずに食べ続けられる一品。

このフォカッチャの作り方を動画でご覧いただけます。
表紙のそで部分のQRコードを読み込んでください。

材料（1個分）

A
- 強力粉 … 130g
- 塩 … 小さじ1/2（2.5g）
- 砂糖 … 大さじ1（9g）

B
- インスタントドライイースト … 1g
- 水＊ … 90g
- オリーブオイル … 小さじ1

- 打ち粉（強力粉）… 適量
- オリーブオイル… 小さじ1
- 粗塩… ひとつまみ

＊水の温度は発酵に影響するため、季節によって調整を。春・秋は20～25℃、夏は0～5℃、冬は30～35℃に。詳細はP.10参照。

① 混ぜる

ボウルに**B**のイーストを入れて水、オリーブオイルを加え、泡立て器で溶き混ぜる。**A**を加えてゴムべらで混ぜ、途中生地に粘りけがでてきたら、カードに持ち替えて粉けがなくなるまで2～3分混ぜる。

② 生地を折りたたむ

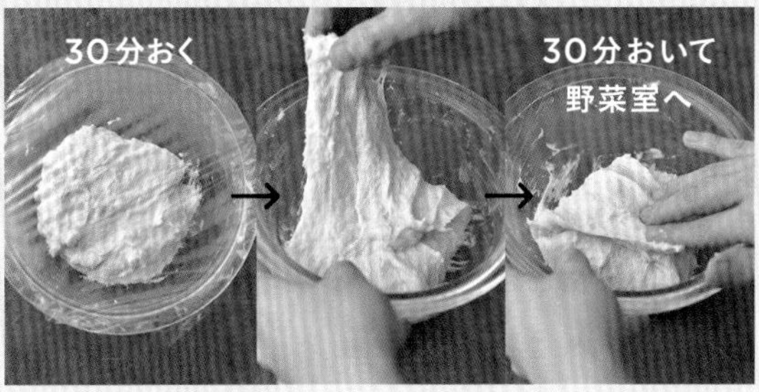

1にラップをかけ、室温に30分おく。手を水でぬらし、生地の端を少し持ち上げてひっぱり、中央に向かって折りたたむ。同様に生地の周囲をぐるりと1周（約6回）折りたたみ、上下を返して再度ラップをかける。室温に30分おき、冷蔵庫（野菜室）に入れる。

③ 一次発酵（野菜室でひと晩寝かせる）

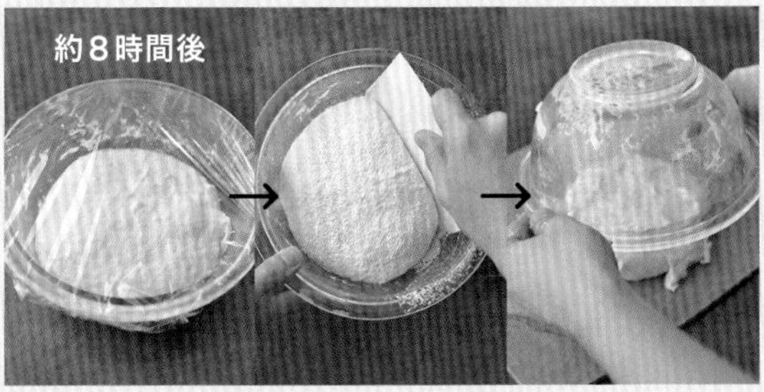

2の生地が約2倍の大きさになるまでひと晩（約8時間）以上おき、一次発酵させる。茶こしで打ち粉を生地の表面にたっぷりとふり、生地とボウルの間にカードを1周差し込んで生地をやさしくボウルからはがす。ボウルごと逆さにしてゆっくりと持ち上げ、生地を作業台に取り出す（※ボウルと生地がくっついている場合は、指で軽くはがす）。

④ 生地を3つ折りにする

生地を指で広げて約12×20㎝の長方形にのばし、左右を1/3ずつ内側に折りたたむ。

⑤ 二次発酵

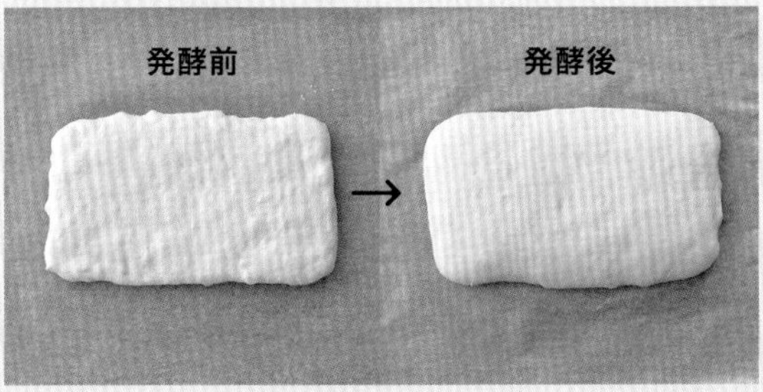

オーブン用シートを敷いた天板に**4**を閉じ目を下にしておき、約10×15㎝、厚さ約1.5㎝に整える。オーブンに入れ、35℃の発酵モードで45分二次発酵させる（※オーブンに発酵モードがない場合は、ぬれ布巾をかぶせて生地がひとまわり大きくなるまで室温に1時間～1時間30分おく）。

⑥ オーブンで焼く

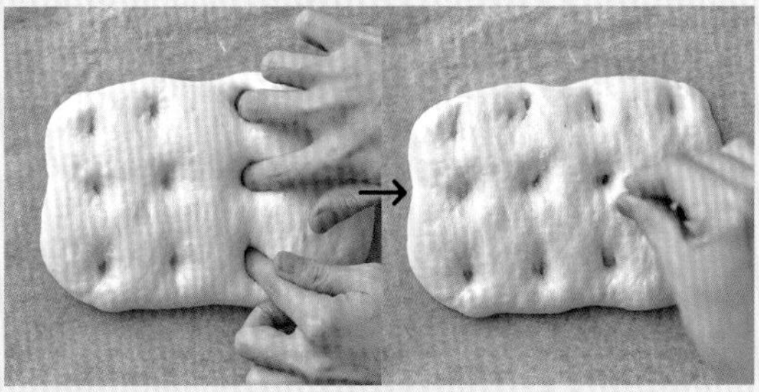

5を取り出し、オーブンを190℃に予熱する。生地の表面にオリーブオイル小さじ1/2をぬり、指を生地の底につくまでさして穴を12か所あけ、粗塩をふる。190℃のオーブンで約16分焼き、取り出して、オリーブオイル小さじ1/2をかける。

のせる

フォカッチャの味わいや表情は、プラスする具材によってころころと変化。
基本の生地はどんな具材とも合わせやすいので、アレンジは無限に広がります。

ROSEMARY

ローズマリー

香り豊かなローズマリーは、のせるだけでいいアクセントに！
シンプルなフォカッチャを、より一層おいしく引き立ててくれる食材です。

材料（1個分）

A 強力粉 … 130g
　塩 … 小さじ1/2（2.5g）
　砂糖 … 大さじ1（9g）
B インスタントドライイースト … 1g
　水 … 90g
　オリーブオイル … 小さじ1
打ち粉（強力粉）… 適量
オリーブオイル … 小さじ1
粗塩 … ひとつまみ
＜具材＞
ローズマリー … 1本

生地は焼くとふくらむので、具を上にのせただけだと焼いている途中で落ちてしまうことも。生地に指を深くさして穴をあけたら、具を穴の中にしっかりと押し込むようにして入れてください。

作り方

1 ボウルに**B**を表記順に入れ、泡立て器で溶き混ぜる。**A**を加えてゴムべらで混ぜ、途中生地に粘りけがでてきたら、カードで粉けがなくなるまで2〜3分混ぜる。

2 **1**にラップをかけ、室温に30分おく。手を水でぬらし、生地の端をひっぱって折りたたむ。同様に生地を1周折りたたみ、上下を返して再度ラップをかけ、室温に30分おく。

3 **2**を野菜室に入れ、生地が約2倍の大きさになるまでひと晩以上おいて一次発酵させる。打ち粉をたっぷりとふり、生地とボウルの間にカードを1周差し込んではがし、ボウルごと逆さにして作業台に取り出す。

4 生地を指で広げて長方形にのばし、左右を1/3ずつ内側に折りたたむ。オーブン用シートを敷いた天板に生地の閉じ目を下にしておき、厚さ約1.5㎝に整える。オーブンに入れ、35℃の発酵モードで45分二次発酵させる。

5 **4**を取り出し、オーブンを190℃に予熱する。生地の表面にオリーブオイル小さじ1/2をぬり、指を生地の底につくまでさして穴を12か所あける。穴にちぎったローズマリーを均等に押し込んで粗塩をふり、190℃のオーブンで約16分焼く。取り出して、オリーブオイル小さじ1/2をかける。

CAMEMBERT CHEESE

カマンベールチーズ

カマンベールチーズが溶けてこぼれ、カリッと焼けたところも美味。
チーズはゴーダ、チェダー、パルミジャーノなど、好みのもので作っても！

材料（1個分）

A 強力粉 … 130g
　塩 … 小さじ1/2（2.5g）
　砂糖 … 大さじ1（9g）

B インスタントドライイースト … 1g
　水 … 90g
　オリーブオイル … 小さじ1

打ち粉（強力粉）… 適量
オリーブオイル … 小さじ1
粗塩 … ひとつまみ
粗びき黒こしょう … 少々
<具材>
カマンベールチーズ … 1個（90g）

作り方

1 ボウルに**B**を表記順に入れ、泡立て器で溶き混ぜる。**A**を加えてゴムべらで混ぜ、途中生地に粘りけがでてきたら、カードで粉けがなくなるまで2〜3分混ぜる。

2 **1**にラップをかけ、室温に30分おく。手を水でぬらし、生地の端をひっぱって折りたたむ。同様に生地を1周折りたたみ、上下を返して再度ラップをかけ、室温に30分おく。

3 **2**を野菜室に入れ、生地が約2倍の大きさになるまでひと晩以上おいて一次発酵させる。打ち粉をたっぷりとふり、生地とボウルの間にカードを1周差し込んではがし、ボウルごと逆さにして作業台に取り出す。

4 生地を指で広げて長方形にのばし、左右を1/3ずつ内側に折りたたむ。オーブン用シートを敷いた天板に生地の閉じ目を下にしておき、厚さ約1.5㎝に整える。オーブンに入れ、35℃の発酵モードで45分二次発酵させる。

5 カマンベールチーズは放射状に8等分に切る。

6 **4**を取り出し、オーブンを190℃に予熱する。生地の表面にオリーブオイル小さじ1/2をぬり、指を生地の底につくまでさして穴を8か所あける。穴に**5**を均等に押し込んで粗塩、黒こしょうをふり、190℃のオーブンで約16分焼く。取り出して、オリーブオイル小さじ1/2をかける。

GREEN OLIVES

グリーンオリーブ

オリーブの塩けが、フォカッチャを最高のおつまみに変身させます。
アンチョビや赤ピーマンを詰めた、スタッフドオリーブで作るのも◎。

材料（1個分）

A 強力粉 … 130g
　塩 … 小さじ1/2（2.5g）
　砂糖 … 大さじ1（9g）

B インスタントドライイースト … 1g
　水 … 90g
　オリーブオイル … 小さじ1

打ち粉（強力粉）… 適量
オリーブオイル … 小さじ1
<具材>
グリーンオリーブ（種抜きタイプ）… 6粒

作り方

1 上記「カマンベールチーズ」の作り方**1**〜**4**までと同様に作る。

2 オリーブは横半分に切る。

3 生地を取り出し、オーブンを190℃に予熱する。生地の表面にオリーブオイル小さじ1/2をぬり、指を生地の底につくまでさして穴を12か所あける。穴に**2**を均等に押し込み、190℃のオーブンで約16分焼く。取り出して、オリーブオイル小さじ1/2をかける。

グリーンオリーブ

カマンベールチーズ

MUSTARD SAUSAGE

粒マスタードソーセージ

子どもや男性にも大好評！　ソーセージのジューシーなうま味と粒マスタードの酸味が食欲を刺激し、リピート必至です。

材料（1個分）

A 強力粉 … 130g
- 塩 … 小さじ1/2（2.5g）
- 砂糖 … 大さじ1（9g）

B インスタントドライイースト … 1g
- 水 … 90g
- オリーブオイル … 小さじ1

打ち粉（強力粉）… 適量

オリーブオイル … 小さじ1/2

＜具材＞

ウインナソーセージ … 6本

粒マスタード … 小さじ2

作り方

1 ボウルに**B**を表記順に入れ、泡立て器で溶き混ぜる。**A**を加えてゴムべらで混ぜ、途中生地に粘りけがでてきたら、カードで粉けがなくなるまで2～3分混ぜる。

2 **1**にラップをかけ、室温に30分おく。手を水でぬらし、生地の端をひっぱって折りたたむ。同様に生地を1周折りたたみ、上下を返して再度ラップをかけ、室温に30分おく。

3 **2**を野菜室に入れ、生地が約2倍の大きさになるまでひと晩以上おいて一次発酵させる。打ち粉をたっぷりとふり、生地とボウルの間にカードを1周差し込んではがし、ボウルごと逆さにして作業台に取り出す。

4 生地を指で広げて長方形にのばし、左右を1/3ずつ内側に折りたたむ。オーブン用シートを敷いた天板に生地の閉じ目を下にしておき、厚さ約1.5㎝に整える。オーブンに入れ、35℃の発酵モードで45分二次発酵させる。

5 ソーセージは斜め半分に切る。

6 **4**を取り出し、オーブンを190℃に予熱する。生地の表面にオリーブオイルをぬり、指を生地の底につくまでさして穴を12か所あける。穴に粒マスタード、**5**の順で均等に押し込み、190℃のオーブンで約16分焼く。

BASIL TOMATO

バジルトマト

フォカッチャの本場、イタリアでも王道の組み合わせ。
バジルは焦げやすいので、必ずトマトの下に入れて焼きましょう。

材料（1個分）

A 強力粉 … 130g
- 塩 … 小さじ1/2（2.5g）
- 砂糖 … 大さじ1（9g）

B インスタントドライイースト … 1g
- 水 … 90g
- オリーブオイル … 小さじ1

打ち粉（強力粉）… 適量

オリーブオイル … 小さじ1

粗塩 … ひとつまみ

＜具材＞

ミニトマト … 6個

バジル（葉）… 12枚

作り方

1 上記「粒マスタードソーセージ」の作り方**1**～**4**までと同様に作る。

2 ミニトマトはへたを取り、縦半分に切る。

3 生地を取り出し、オーブンを190℃に予熱する。生地の表面にオリーブオイル小さじ1/2をぬり、指を生地の底につくまでさして穴を12か所あける。穴にバジル、**2**の順で均等に押し込んで粗塩をふり、190℃のオーブンで約16分焼く。取り出して、オリーブオイル小さじ1/2をかける。

粒マスタードソーセージ
バジルトマト

ブロッコリーアンチョビ
れんこんたらこ

焼きとうもろこし
きのこ

BROCCOLI ANCHOVY

ブロッコリーアンチョビ

ブロッコリーは、食感を残してかためにゆでるのがポイント！
オリーブオイルをかけることで、野菜が焦げにくくなります。

材料 （1個分）

A 強力粉 … 130g
　塩 … 小さじ1/2（2.5g）
　砂糖 … 大さじ1（9g）
B インスタントドライイースト … 1g
　水 … 90g
　オリーブオイル … 小さじ1
打ち粉（強力粉）… 適量
オリーブオイル … 小さじ1強
粗塩 … ひとつまみ
＜具材＞
ブロッコリー（小房に分けたもの）… 11房
アンチョビ（フィレ）… 3枚

作り方

1 ボウルに**B**を表記順に入れ、泡立て器で溶き混ぜる。**A**を加えてゴムべらで混ぜ、途中生地に粘りけがでてきたら、カードで粉けがなくなるまで2～3分混ぜる。

2 1にラップをかけ、室温に30分おく。手を水でぬらし、生地の端をひっぱって折りたたむ。同様に生地を1周折りたたみ、上下を返して再度ラップをかけ、室温に30分おく。

3 **2**を野菜室に入れ、生地が約2倍の大きさになるまでひと晩以上おいて一次発酵させる。打ち粉をたっぷりとふり、生地とボウルの間にカードを1周差し込んではがし、ボウルごと逆さにして作業台に取り出す。

4 生地を指で広げて長方形にのばし、左右を1/3ずつ内側に折りたたむ。オーブン用シートを敷いた天板に生地の閉じ目を下にしておき、厚さ約1.5㎝に整える。オーブンに入れ、35℃の発酵モードで45分二次発酵させる。

5 鍋に湯を沸かしてブロッコリーを入れ、約1分ゆでて水けをきる。アンチョビは11等分にちぎる。

6 **4**を取り出し、オーブンを190℃に予熱する。生地の表面にオリーブオイル小さじ1/2をぬり、指を生地の底につくまでさして穴を11か所あける。穴にアンチョビ、ブロッコリーの順で均等に押し込み、ブロッコリーにオリーブオイル少々をかけて粗塩をふる。190℃のオーブンで約16分焼き、取り出して、オリーブオイル小さじ1/2をかける。

LOTUS ROOT TARAKO

れんこんたらこ

れんこんは細めのものを選ぶと、かわいい仕上がりに。
鮮度のよいものを使うと、焼き上がりが黒く変色しません。

材料 （1個分）

A 強力粉 … 130g
　塩 … 小さじ1/2（2.5g）
　砂糖 … 大さじ1（9g）
B インスタントドライイースト … 1g
　水 … 90g
　オリーブオイル … 小さじ1
打ち粉（強力粉）… 適量
オリーブオイル … 小さじ1
＜具材＞
れんこん（細めのもの）… 9㎝
たらこ … 40g

作り方

1 上記「ブロッコリーアンチョビ」の作り方**1**～**4**までと同様に作る。

2 れんこんはピーラーで皮をむき、12等分の輪切りにする。たらこは12等分に切る。

3 生地を取り出し、オーブンを190℃に予熱する。生地の表面にオリーブオイル小さじ1/2をぬり、指を生地の底につくまでさして穴を12か所あける。穴にたらこ、れんこんの順で均等に押し込み、190℃のオーブンで約16分焼く。取り出して、オリーブオイル小さじ1/2をかける。

ROASTED CORN

焼きとうもろこし

表面にしょうゆをぬることで、焼きとうもろこしの味を再現。
とうもろこしは、真空パック状の市販品でもOKです。

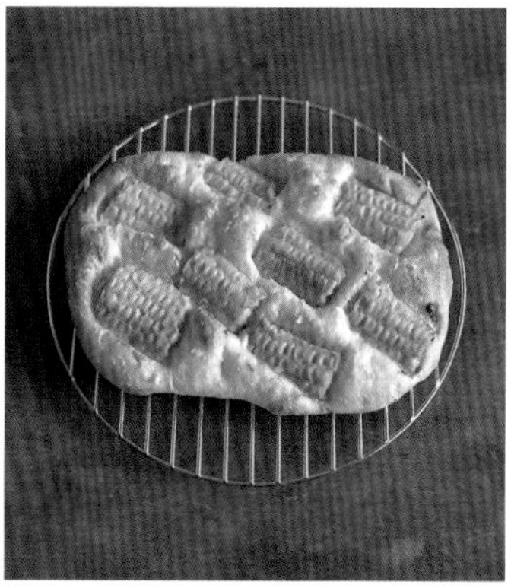

材料（1個分）

A 強力粉 … 130g
　塩 … 小さじ1/2（2.5g）
　砂糖 … 大さじ1（9g）
B インスタントドライイースト … 1g
　水 … 90g
　オリーブオイル … 小さじ1
打ち粉（強力粉）… 適量
オリーブオイル … 小さじ1/2
粗塩 … ひとつまみ
<具材>
とうもろこし（ゆでたもの） … 1/2本
しょうゆ … 小さじ1

作り方

1 左記「ブロッコリーアンチョビ」の作り方**1**〜**4**までと同様に作る。

2 とうもろこしは長さを半分に切り、身を４等分のそぎ切りにする。

3 生地を取り出し、オーブンを190℃に予熱する。生地の表面にオリーブオイルをぬり、指を生地の底につくまでさして穴を12か所あける。**2**を間隔をあけて押し込み、とうもろこしにハケでしょうゆをぬる。粗塩をふり、190℃のオーブンで約16分焼く。

MUSHROOM

きのこ

にんにく風味のきのこが、うまみたっぷりでボリュームも満点。
きのこはマッシュルームやしいたけでも、おいしく作れます。

材料（1個分）

A 強力粉 … 130g
　塩 … 小さじ1/2（2.5g）
　砂糖 … 大さじ1（9g）
B インスタントドライイースト … 1g
　水 … 90g
　オリーブオイル … 小さじ1
打ち粉（強力粉）… 適量
オリーブオイル … 大さじ1強
<具材>
しめじ、まいたけ、エリンギなど
　好みのきのこ … 計180g
にんにく（薄切り）…1かけ分
しょうゆ … 大さじ1

作り方

1 左記「ブロッコリーアンチョビ」の作り方**1**〜**4**までと同様に作る。

2 しめじは石づきを除いて小房に分け、まいたけも小房に分ける。エリンギは長さを半分に切り、縦に5㎜幅に切る。フライパンにオリーブオイル大さじ1、にんにくを入れて中火で熱し、香りが立ったらきのこを加えて強めの中火にする。軽く色づくまで炒め、しょうゆを加えて水分を飛ばすようにして炒める。取り出して冷ます。

3 生地を取り出し、オーブンを190℃に予熱する。生地の表面にオリーブオイル小さじ1/2をぬり、指を生地の底につくまでさして全体に穴をあけ、平たくする。**2**をのせ、190℃のオーブンで約16分焼く。

VEGETABLE PIZZA

ベジピザ

生地を薄く広げ、カラフル野菜を並べて焼けば、ふんわりした食感のピザ風に！
野菜は火が入りやすいよう、薄切りにしてください。

材料（1個分）

A 強力粉 … 130g
塩 … 小さじ1/2（2.5g）
砂糖 … 大さじ1（9g）

B インスタントドライイースト … 1g
水 … 90g
オリーブオイル … 小さじ1

打ち粉（強力粉）… 適量
オリーブオイル … 小さじ1と1/2
粗塩 … ひとつまみ

<具材>
ズッキーニ、にんじん、
じゃがいも、なす … 各3cm
かぼちゃ … 4cm大
ミニトマト … 3個
ピザ用チーズ … 50g

作り方

1 ボウルに**B**を表記順に入れ、泡立て器で溶き混ぜる。**A**を加えてゴムべらで混ぜ、途中生地に粘りけがでてきたら、カードで粉けがなくなるまで2〜3分混ぜる。

2 1にラップをかけ、室温に30分おく。手を水でぬらし、生地の端をひっぱって折りたたむ。同様に生地を1周折りたたみ、上下を返して再度ラップをかけ、室温に30分おく。

3 **2**を野菜室に入れ、生地が約2倍の大きさになるまでひと晩以上おいて一次発酵させる。打ち粉をたっぷりとふり、生地とボウルの間にカードを1周差し込んではがし、ボウルごと逆さにして作業台に取り出す。

4 生地を指で広げて長方形にのばし、左右を1/3ずつ内側に折りたたむ。オーブン用シートを敷いた天板に生地の閉じ目を下にしておき、厚さ約1.5cmに整える。オーブンに入れ、35℃の発酵モードで45分二次発酵させる。

5 ズッキーニ、にんじん、じゃがいも、なす、かぼちゃは3〜4mm厚さに切る。ミニトマトはへたを取り、縦半分に切る。

6 **4**を取り出し、オーブンを190℃に予熱する。生地の表面にオリーブオイル小さじ1/2をぬり、周囲を約1cm残して約15×22cmに指で平たくのばす。ピザ用チーズを散らして**5**をそれぞれ並べ、オリーブオイル小さじ1/2をかけて粗塩をふる。190℃のオーブンで約18分焼き、取り出して、オリーブオイル小さじ1/2をかける。

ピザ風に仕上げるときは、フチを約1cm残して、あとは生地がふくらまないように指でしっかりと押さえ、平たく成形しましょう。具を好みのものにかえたり、トマトソースをぬったりしてアレンジするのもオススメ。

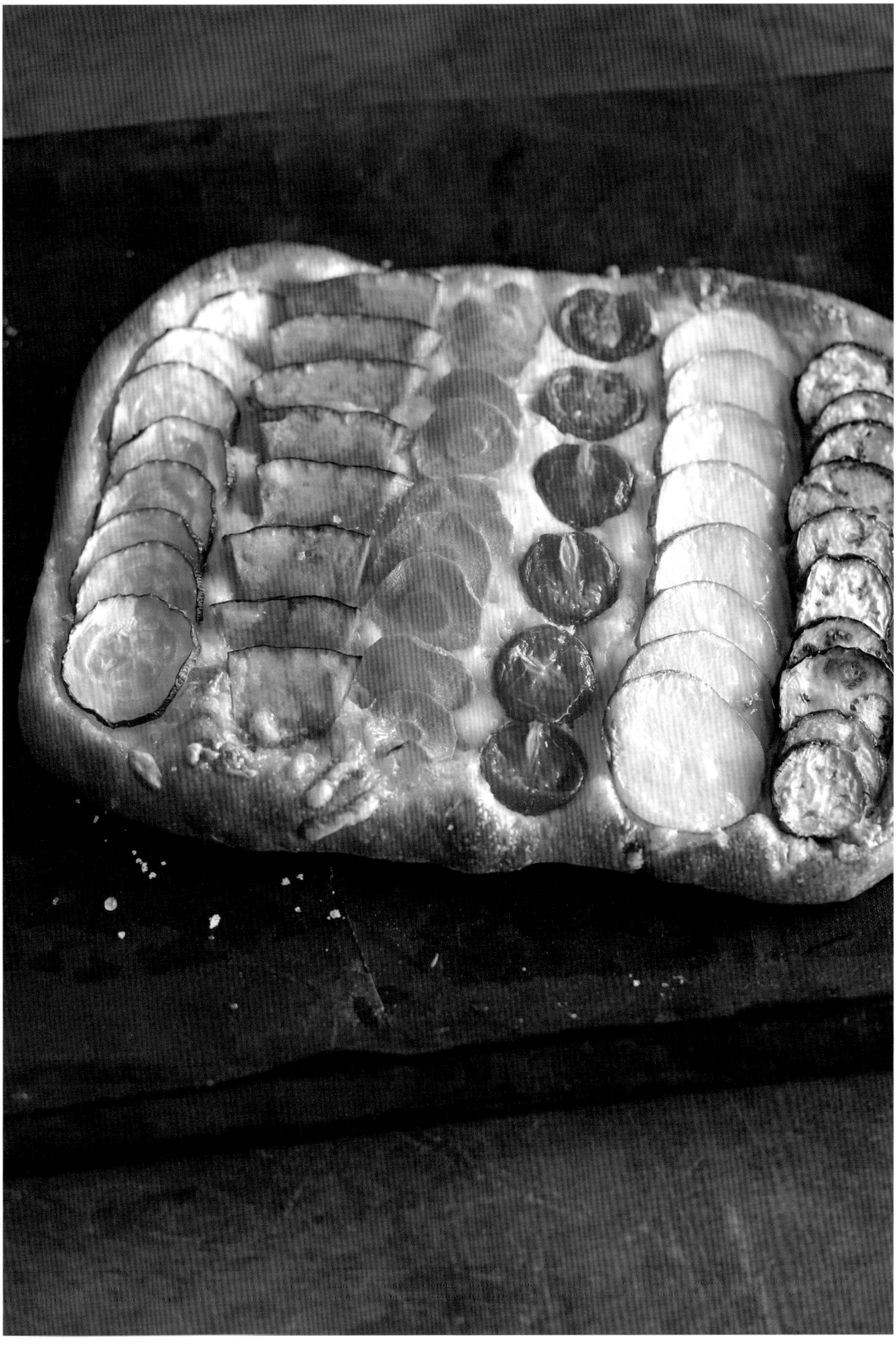

ZUCCHINI WITH PROSCIUTTO HAM

生ハム入りズッキーニ

薄くスライスしたズッキーニを並べ、華やかな見た目に仕上げましょう。
生ハムの濃厚なうま味を生地に巻き込めば、ワインのお供にもぴったり。

材料（1個分）

A 強力粉 … 130g
- 塩 … 小さじ1/2（2.5g）
- 砂糖 … 大さじ1（9g）

B インスタントドライイースト … 1g
- 水 … 90g
- オリーブオイル … 小さじ1

打ち粉（強力粉）… 適量
オリーブオイル … 小さじ1
粗塩 … ひとつまみ
<具材>
ズッキーニ … 1/2本
生ハム … 40g

作り方

1 ボウルに**B**を表記順に入れ、泡立て器で溶き混ぜる。**A**を加えてゴムべらで混ぜ、途中生地に粘りけがでてきたら、カードで粉けがなくなるまで2〜3分混ぜる。

2 **1**にラップをかけ、室温に30分おく。手を水でぬらし、生地の端をひっぱって折りたたむ。同様に生地を1周折りたたみ、上下を返して再度ラップをかけ、室温に30分おく。

3 **2**を野菜室に入れ、生地が約2倍の大きさになるまでひと晩以上おいて一次発酵させる。

4 ズッキーニはスライサーで縦に薄切りにし、トッピング用に形のきれいなものを8枚取り分ける。

5 **3**に打ち粉をたっぷりとふり、生地とボウルの間にカードを1周差し込んではがし、ボウルごと逆さにして作業台に取り出す。

6 生地を指で広げ、長方形にのばす。生ハムを広げてのせ、トッピング用以外のズッキーニを広げて重ねる。左右を1/3ずつ内側に折りたたみ、オーブン用シートを敷いた天板に生地の閉じ目を下にしておく。生地全体を押して厚さ約1㎝に平たく整え、オーブンに入れて35℃の発酵モードで45分二次発酵させる。

7 **6**を取り出し、オーブンを190℃に予熱する。生地の表面にオリーブオイル小さじ1/2をぬり、指を生地の底につくまでさして穴を12か所あける。トッピング用のズッキーニを少しずつ重ねながらのせ、両端部分を生地の下に折り込む。オリーブオイル小さじ1/2をかけて粗塩をふり、190℃のオーブンで約20分焼く。

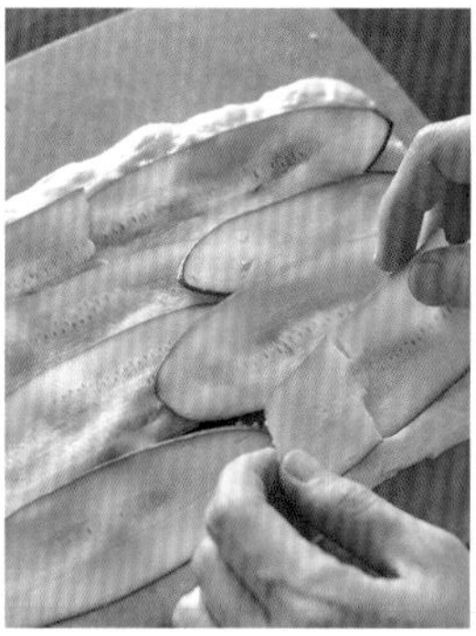

生地の中と表面全体にズッキーニを加えるので、生地を通常よりも少し平たく成形するほか、焼き時間を長めに設定して、生地の生焼けを防ぎましょう。生ハムのかわりに、スライスベーコンやサラミで作っても美味です。

混ぜる

生地をこねる際に、野菜や乾物を加えてみましょう。
食感や風味が変化し、表情の違うフォカッチャが楽しめます。

PUMPKIN CUMIN

かぼちゃクミン

ほっこりした甘さがクセになる、素朴な味わい。
クミンのエキゾチックな香りが、かぼちゃの魅力をさらに引き出します。

材料（1個分）

A 強力粉 … 130g
塩 … 小さじ1/2（2.5g）
砂糖 … 大さじ1（9g）

B インスタントドライイースト … 1g
水 … 85g
オリーブオイル … 小さじ1

打ち粉（強力粉）… 適量
オリーブオイル … 小さじ1/2

<具材>
かぼちゃ … 正味80g
かぼちゃの種（ドライ）… 10g
クミンシード … 小さじ1/4（1g）

作り方

1 かぼちゃは皮を除き、ひと口大に切る。耐熱皿に並べてふんわりとラップをかけ、電子レンジ（600W）で約2分20秒加熱する。熱いうちにフォークでつぶし、そのまま冷ます。

2 ボウルに**B**を表記順に入れ、泡立て器で溶き混ぜる。**1**、**A**を加えてゴムべらで混ぜ、途中生地に粘りけがでてきたら、カードで粉けがなくなるまで2～3分混ぜる。

3 **2**にラップをかけ、室温に30分おく。手を水でぬらし、生地の端をひっぱって折りたたむ。同様に生地を1周折りたたみ、上下を返して再度ラップをかけ、室温に30分おく。

4 **3**を野菜室に入れ、生地が約2倍の大きさになるまでひと晩以上おいて一次発酵させる。打ち粉をたっぷりとふり、生地とボウルの間にカードを1周差し込んではがし、ボウルごと逆さにして作業台に取り出す。

5 生地を指で広げて長方形にのばし、左右を1/3ずつ内側に折りたたむ。オーブン用シートを敷いた天板に生地の閉じ目を下にしておき、厚さ約1.5㎝に整える。オーブンに入れ、35℃の発酵モードで45分二次発酵させる。

6 **5**を取り出し、オーブンを190℃に予熱する。生地の表面にオリーブオイルをぬり、指を生地の底につくまでさして穴を12か所あける。かぼちゃの種、クミンシードを散らし、190℃のオーブンで約16分焼く。

発酵具合に影響が出るので、かぼちゃはレンジ加熱後に冷ますことが大事。混ぜるときは、かぼちゃがなじんで色みが均一になるまで、しっかりと合わせましょう。水分が多い冷凍野菜は、生地の水分量が変わってしまうため、使用しないでください。

MASHED POTATOES

マッシュポテト

じゃがいものでんぷん効果でもちもちに。シンプルなおいしさは、
基本のフォカッチャと同様に、野菜などをトッピングして焼いても。

材料（1個分）

A 強力粉 … 130g
塩 … 小さじ1/2（2.5g）
砂糖 … 大さじ1（9g）

B インスタントドライイースト … 1g
水 … 90g
オリーブオイル … 小さじ1

打ち粉（強力粉）… 適量
オリーブオイル … 小さじ1
粗塩 … ひとつまみ
＜具材＞
じゃがいも … 中1個（正味80g）

作り方

1 じゃがいもは皮ごとラップで包み、電子レンジ（600W）で約2分30秒加熱する。熱いうちに皮をむいてフォークでつぶし、そのまま冷ます。

2 ボウルに**B**を表記順に入れ、泡立て器で溶き混ぜる。**1**、**A**を加えてゴムべらで混ぜ、途中生地に粘りけがでてきたら、カードで粉けがなくなるまで2〜3分混ぜる。

3 **2**にラップをかけ、室温に30分おく。手を水でぬらし、生地の端をひっぱって折りたたむ。同様に生地を1周折りたたみ、上下を返して再度ラップをかけ、室温に30分おく。

4 **3**を野菜室に入れ、生地が約2倍の大きさになるまでひと晩以上おいて一次発酵させる。打ち粉をたっぷりとふり、生地とボウルの間にカードを1周差し込んではがし、ボウルごと逆さにして作業台に取り出す。

5 生地を指で広げて長方形にのばし、左右を1/3ずつ内側に折りたたむ。オーブン用シートを敷いた天板に生地の閉じ目を下にしておき、厚さ約1.5㎝に整える。オーブンに入れ、35℃の発酵モードで45分二次発酵させる。

6 **5**を取り出し、オーブンを190℃に予熱する。生地の表面にオリーブオイル小さじ1/2をぬり、指を生地の底につくまでさして穴を12か所あけ、粗塩をふる。190℃のオーブンで約16分焼き、取り出して、オリーブオイル小さじ1/2をかける。

SWEET POTATO BUTTER

さつまいもバター

さつまいもを丸ごと1本使い切り、充実の食べ応えに！
レンジで手軽に作れる甘煮を、生地とトッピングのダブルで活用。

材料（1個分）

A 強力粉 … 130g
塩 … 小さじ1/2（2.5g）
砂糖 … 大さじ1（9g）

B インスタントドライイースト … 1g
水 … 90g
オリーブオイル … 小さじ1

打ち粉（強力粉）… 適量
オリーブオイル … 小さじ1/2
＜具材＞
さつまいも … 中1本（約180g）

C 砂糖、みりん … 各大さじ2
水 … 大さじ1

バター（9等分に切る）… 10g
黒いりごま … 少々

作り方

1 さつまいもは縦半分に切り、1㎝幅に切る。耐熱ボウルに入れて**C**を加え、ふんわりとラップをかけて電子レンジ（600W）で約3分加熱する。取り出して上下を返し、再度同様に1分加熱する。粗熱を取って水けをきり、トッピング用に9切れを取り分ける。残りは皮を除き、フォークでつぶす。

2 ボウルに**B**を表記順に入れ、泡立て器で溶き混ぜる。**1**のつぶしたさつまいも、**A**を加えてゴムべらで混ぜ、途中生地に粘りけがでてきたら、カードで粉けがなくなるまで2〜3分混ぜる。

3 上記「マッシュポテト」の作り方**3**〜**5**までと同様に作る。

4 生地を取り出し、オーブンを190℃に予熱する。生地の表面にオリーブオイルをぬり、指を生地の底につくまでさして穴を9か所あける。穴にトッピング用のさつまいもを均等に押し込み、その上にバターをのせる。いりごまをふり、190℃のオーブンで約16分焼く。

AONORI BUTTER

青のりバター

青のりとフォカッチャの組み合わせは、意外なようで実は相性抜群。
バターのコクと塩もプラスし、一度食べると止まらない一品に。

材料（1個分）

A 強力粉 … 130g
- 塩 … 小さじ1/2（2.5g）
- 砂糖 … 大さじ1（9g）

B インスタントドライイースト … 1g
- 水 … 100g
- オリーブオイル … 小さじ1

打ち粉（強力粉）… 適量
オリーブオイル … 小さじ1/2
粗塩 … ひとつまみ
＜具材＞
青のり（またはあおさのり） … 5g
バター（12等分に切る） … 15g

作り方

1 ボウルに**B**を表記順に入れ、泡立て器で溶き混ぜる。青のり、**A**を加えてゴムべらで混ぜ、途中生地に粘りけがでてきたら、カードで粉けがなくなるまで２～３分混ぜる。

2 **1**にラップをかけ、室温に30分おく。手を水でぬらし、生地の端をひっぱって折りたたむ。同様に生地を1周折りたたみ、上下を返して再度ラップをかけ、室温に30分おく。

3 **2**を野菜室に入れ、生地が約２倍の大きさになるまでひと晩以上おいて一次発酵させる。打ち粉をたっぷりとふり、生地とボウルの間にカードを1周差し込んではがし、ボウルごと逆さにして作業台に取り出す。

4 生地を指で広げて長方形にのばし、左右を1/3ずつ内側に折りたたむ。オーブン用シートを敷いた天板に生地の閉じ目を下にしておき、厚さ約1.5㎝に整える。オーブンに入れ、35℃の発酵モードで45分二次発酵させる。

5 **4**を取り出し、オーブンを190℃に予熱する。生地の表面にオリーブオイルをぬり、指を生地の底につくまでさして穴を12か所あける。穴にバターを均等に押し込んで粗塩をふり、190℃のオーブンで約16分焼く。

BLACK SESAME

黒ごま

オイルをごま油にし、さらにすりごまといりごまも使って風味を濃厚に。
きんぴらや竜田揚げなどをはさみ、和素材のサンドイッチにしても。

材料（1個分）

A 強力粉 … 130g
- 塩 … 小さじ1/2（2.5g）
- 砂糖 … 大さじ1（9g）

B インスタントドライイースト … 1g
- 水 … 100g
- ごま油 … 小さじ1

打ち粉（強力粉）… 適量
ごま油 … 小さじ1/2
＜具材＞
黒すりごま … 15g
黒いりごま … 大さじ1

作り方

1 ボウルに**B**を表記順に入れ、泡立て器で溶き混ぜる。すりごま、**A**を加えてゴムべらで混ぜ、途中生地に粘りけがでてきたら、カードで粉けがなくなるまで２～３分混ぜる。

2 上記「青のりバター」の作り方**2**～**4**までと同様に作る。

3 生地を取り出し、オーブンを190℃に予熱する。生地の表面にごま油をぬり、指を生地の底につくまでさして穴を12か所あける。いりごまをふり、190℃のオーブンで約16分焼く。

BACON CHEESE WITH SPINACH

ほうれん草入りベーコンチーズ

肉、野菜、チーズ入りで、栄養&ボリュームもたっぷり。
青菜は、ほろ苦い菜の花や春菊で作っても！　旬の時季にぜひ。

材料 (1個分)

A 強力粉 … 130g
　塩 … 小さじ1/2 (2.5g)
　砂糖 … 大さじ1 (9g)

B インスタントドライイースト … 1g
　水 … 90g
　オリーブオイル … 小さじ1

打ち粉 (強力粉) … 適量
オリーブオイル … 小さじ1/2
＜具材＞
ほうれん草 … 70g
ベーコン (ブロックタイプ) … 50g
ピザ用チーズ … 40g
粉チーズ … 大さじ1

作り方

1　鍋に湯を沸かし、ほうれん草を入れて約1分ゆでる。冷水にとって水けをきつくしぼり、2cm幅に切る。ベーコンは1〜2cm角に切る。

2　ボウルに**B**を表記順に入れ、泡立て器で溶き混ぜる。**A**を加えてゴムべらで混ぜ、途中生地に粘りけがでてきたら、カードで粉けがなくなるまで2〜3分混ぜる。**1**、ピザ用チーズを加え、均一に混ぜる。

3　**2**にラップをかけ、室温に30分おく。手を水でぬらし、生地の端をひっぱって折りたたむ。同様に生地を1周折りたたみ、上下を返して再度ラップをかけ、室温に30分おく。

4　**3**を野菜室に入れ、生地が約2倍の大きさになるまでひと晩以上おいて一次発酵させる。打ち粉をたっぷりとふり、生地とボウルの間にカードを1周差し込んではがし、ボウルごと逆さにして作業台に取り出す。

5　生地を指で広げて長方形にのばし、左右を1/3ずつ内側に折りたたむ。オーブン用シートを敷いた天板に生地の閉じ目を下にしておき、厚さ約1.5cmに整える。オーブンに入れ、35℃の発酵モードで45分二次発酵させる。

6　**5**を取り出し、オーブンを190℃に予熱する。生地の表面にオリーブオイルをぬり、指を生地の底につくまでさして穴を12か所あける。粉チーズをふり、190℃のオーブンで約16分焼く。

固形の具は、生地の粉けがなくなってから加えてください。どの生地にも同じ要領でゆで野菜や肉加工品など、いろいろな具を混ぜ込むことができます。

COLUMN 2

最高の相性！
フォカッチャ× クリームチーズバリエ

フォカッチャにとってもよく合う、オススメの食材がクリームチーズです。
塩味にも甘味にもアレンジでき、フォカッチャのおいしさをさらに引き上げてくれます。
好みでほかのレシピに、クリームチーズを足してみるのもアリ！

基本のフォカッチャバリエ

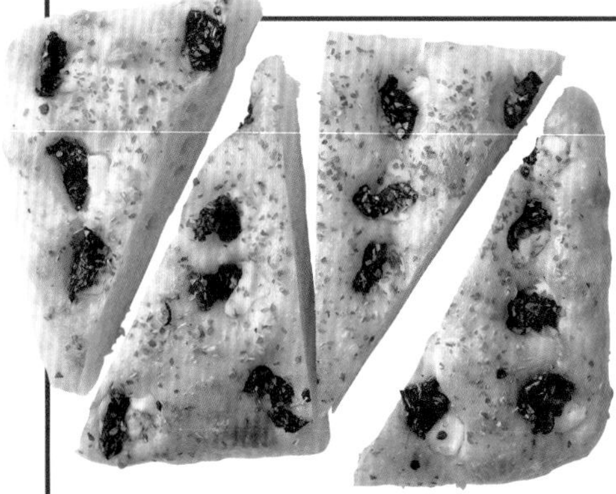

ドライトマトチーズ

材料（1個分）

基本のフォカッチャの材料
（P.12参照）… 全量
ドライトマト … 10g
クリームチーズ … 30g
バジル（ドライ）… 少々

作り方

基本の作り方（P.13参照）1〜6までと同様に作る。ただし、ドライトマトは湯でもどして細切りにし、穴を16か所あけてクリームチーズと一緒に均等に押し込む。バジルを散らし、粗塩はふらずに焼く。

そら豆桜えびチーズ

材料（1個分）

基本のフォカッチャの材料
（P.12参照）… 全量
そら豆（さやから出したもの）… 12粒
クリームチーズ … 30g
桜えび（乾燥）… 5g

作り方

基本の作り方（P.13参照）1〜6までと同様に作る。ただし、そら豆は約1分ゆでて薄皮を除き、穴にクリームチーズと一緒に均等に押し込み、桜えびを散らす。粗塩はふらずに焼き、仕上げにオリーブオイルをかけない。

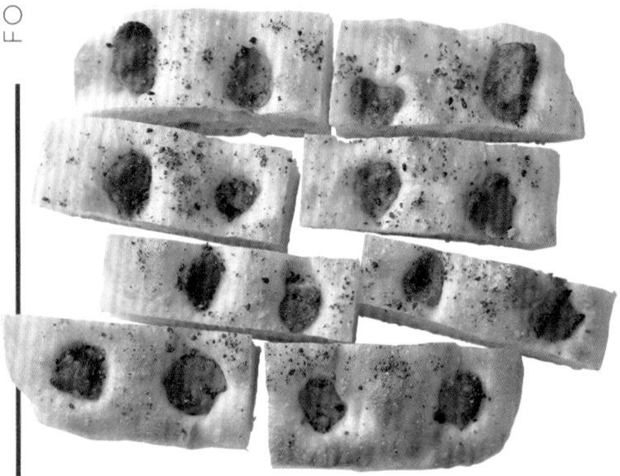

みそチーズ

材料（1個分）

基本のフォカッチャの材料
（P.12参照）… 全量
クリームチーズ … 30g
みそ … 7g
黒すりごま … 少々

作り方

基本の作り方（P.13参照）1〜6までと同様に作る。ただし、クリームチーズとみそは混ぜ合わせ、穴を16か所あけて均等に押し込み、すりごまをふる。粗塩はふらずに焼き、仕上げにオリーブオイルをかけない。

サーモンディルチーズ

材料（1個分）

基本のフォカッチャの材料
（P.12参照）… 全量
クリームチーズ … 30g
スモークサーモン（16等分に切る）… 50g
ディル… 1本

作り方

基本の作り方（P.13参照）1〜6までと同様に作る。ただし、穴を16か所あけてクリームチーズ、サーモン、ちぎったディルを均等に押し込み、サーモンにオリーブオイル少々（分量外）をかける。粗塩はふらずに焼き、仕上げにオリーブオイルをかけない。

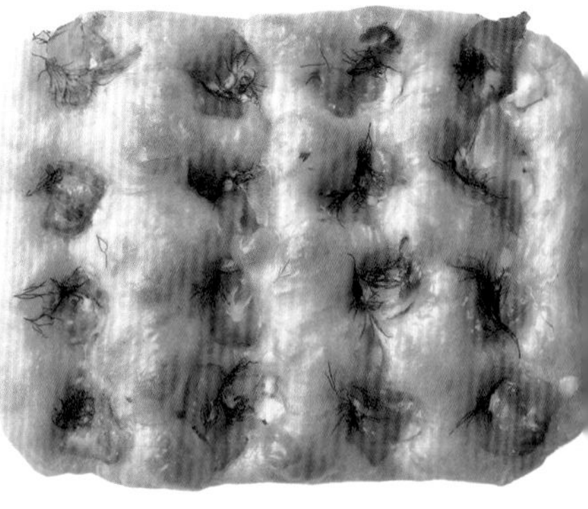

あんこきな粉チーズ

材料（1個分）

基本のスイーツフォカッチャの材料（P.38参照）… 全量
あんこ（市販品）… 50g
クリームチーズ … 20g
きな粉 … 6g

作り方

基本の作り方（P.39参照）1〜6までと同様に作る。ただし、穴にあんこ、クリームチーズを均等に押し込み、砂糖をふらずに焼く。冷めたらきな粉、砂糖を合わせ、茶こしでふる。

ラムレーズンチーズ

材料（1個分）

基本のスイーツフォカッチャの材料（P.38参照）… 全量
レーズン、クリームチーズ … 各30g
ラム酒 … 10g

作り方

1 器にレーズンを入れてラム酒をかけ、ひと晩（約8時間）以上おく。

2 基本の作り方（P.39参照）1〜6までと同様に作る。ただし、穴にクリームチーズ、1を均等に押し込んで焼く。

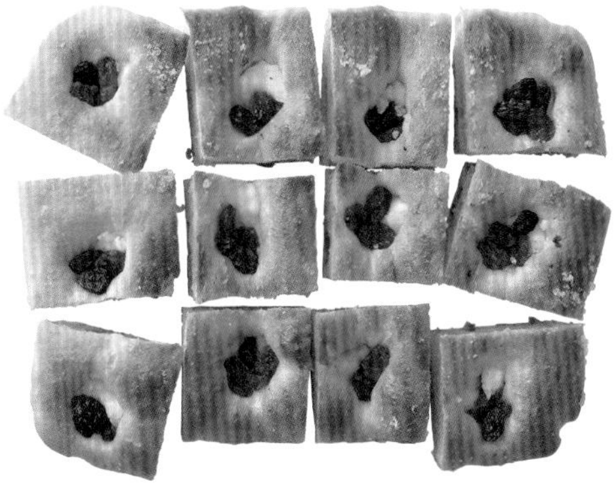

マンゴーココナッツチーズ

材料（1個分）

基本のスイーツフォカッチャの材料（P.38参照）… 全量
クリームチーズ … 30g
マンゴー（ドライ・12等分に切る）… 20g
ココナッツファイン … 5g

作り方

基本の作り方（P.39参照）1〜6までと同様に作る。ただし、穴にクリームチーズ、マンゴーを均等に押し込み、砂糖と一緒にココナッツを散らして焼く。

ピーナッツバターチーズ

材料（1個分）

基本のスイーツフォカッチャの材料（P.38参照）… 全量
クリームチーズ … 30g
ピーナッツバター（加糖）… 20g
ピーナッツ（ローストタイプ・細かく砕く）… 3g

作り方

基本の作り方（P.39参照）1〜6までと同様に作る。ただし、穴にクリームチーズ、ピーナッツバターを均等に押し込み、砂糖と一緒にピーナッツを散らして焼く。

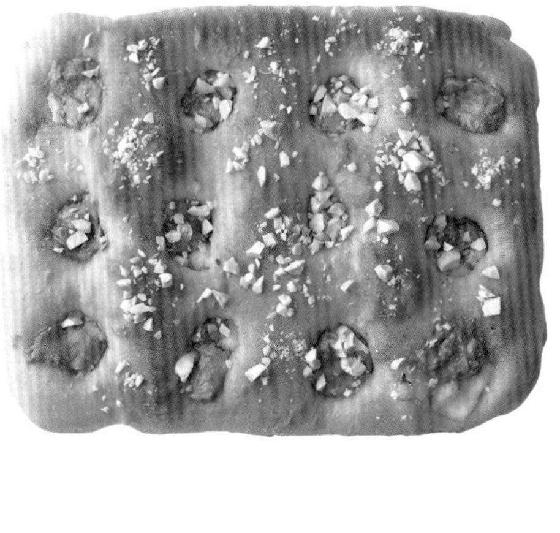

Part 2 ／

スイーツフォカッチャ

フォカッチャは塩味だけでなく、甘い素材とも抜群に合います。
牛乳で仕込む、ほんのり甘いミルキーな生地を堪能してください。

基本のスイーツフォカッチャ

砂糖をパラリと散らして焼くことで、やさしい甘さを
感じられます。穴にバターを押し込み、
シュガーバターにして焼くのも美味。ぜひお試しを！

材料（1個分）

A 強力粉 … 130g
- 塩 … 小さじ1/2（2.5g）
- 砂糖 … 大さじ1と1/2（13g）

B インスタントドライイースト … 1g
- 牛乳*…100g
- オリーブオイル … 小さじ1

打ち粉（強力粉）… 適量
オリーブオイル… 小さじ1/2
砂糖… 小さじ1

＊牛乳の温度は発酵に影響するため、季節によって調整を。春・秋は20〜25℃（電子レンジで15秒加熱）、夏は0〜5℃、冬は30〜35℃（25秒加熱）に。詳細はP.10参照。

① 混ぜる

ボウルに**B**のイーストを入れて牛乳、オリーブオイルを加え、泡立て器で溶き混ぜる。**A**を加えてゴムべらで混ぜ、途中生地に粘りけがでてきたら、カードに持ち替えて粉けがなくなるまで2〜3分混ぜる。

② 生地を折りたたむ

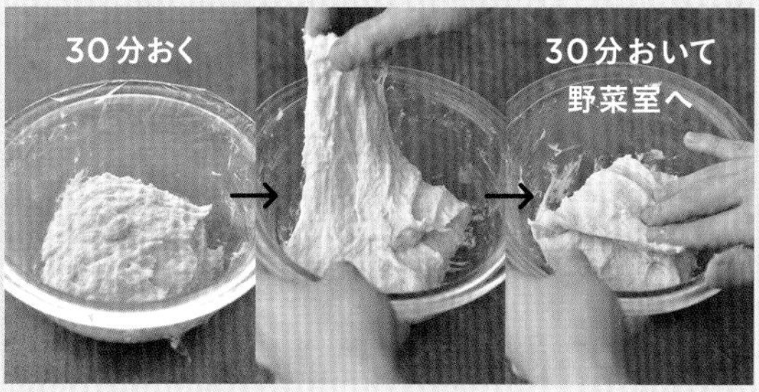

1にラップをかけ、室温に30分おく。手を水でぬらし、生地の端を少し持ち上げてひっぱり、中央に向かって折りたたむ。同様に生地の周囲をぐるりと1周（約6回）折りたたみ、上下を返して再度ラップをかける。室温に30分おいて、冷蔵庫（野菜室）に入れる。

③ 一次発酵（野菜室でひと晩寝かせる）

2の生地が約2倍の大きさになるまでひと晩（約8時間）以上おき、一次発酵させる。茶こしで打ち粉を生地の表面にたっぷりとふり、生地とボウルの間にカードを1周差し込んで生地をやさしくボウルからはがす。ボウルごと逆さにしてゆっくりと持ち上げ、生地を作業台に取り出す（※ボウルと生地がくっついている場合は、指で軽くはがす）。

④ 生地を3つ折りにする

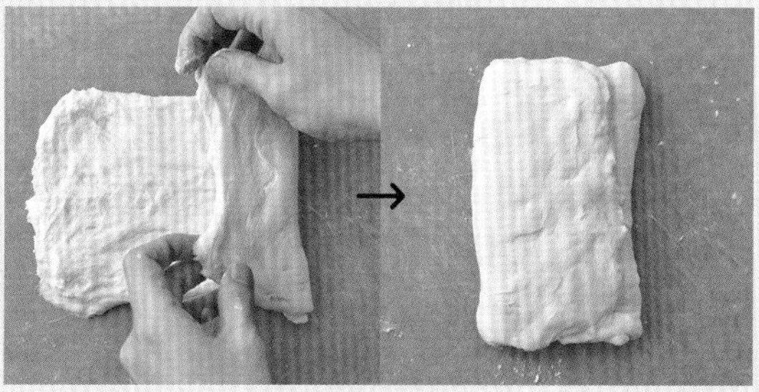

生地を指で広げて約12×20㎝の長方形にのばし、左右を1/3ずつ内側に折りたたむ。

⑤ 二次発酵

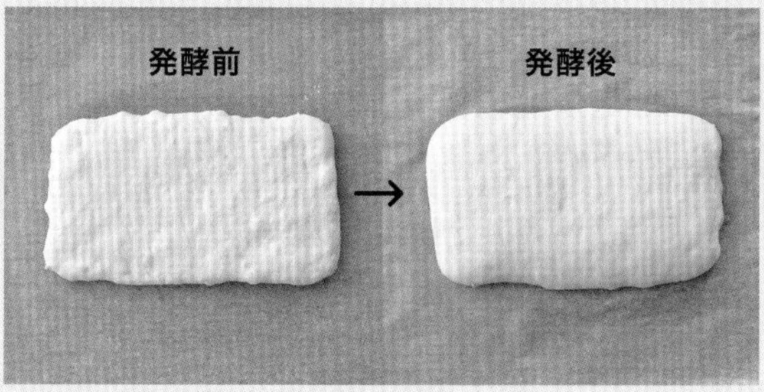

オーブン用シートを敷いた天板に**4**を閉じ目を下にしておき、約10×15㎝、厚さ約1.5㎝に整える。オーブンに入れ、35℃の発酵モードで45分二次発酵させる（※オーブンに発酵モードがない場合は、ぬれ布巾をかぶせて生地がひとまわり大きくなるまで室温に1時間〜1時間30分おく）。

⑥ オーブンで焼く

5を取り出し、オーブンを180℃に予熱する。生地の表面にオリーブオイルをぬり、指を生地の底につくまでさして穴を12か所あけ、砂糖をふる。180℃のオーブンで約16分焼く。

のせる

生地に季節のフルーツやナッツ、チョコレートをのせるだけで、
まるでスイーツのような、ぜいたくなフォカッチャが完成します。

MAPLE SYRUP NUTS

メープルナッツ

手作りのメープルナッツをたっぷりのせ、極上のおいしさに。
作っているときから甘い香りに包まれ、幸せな気持ちに満たされます。

材料（1個分）

A 強力粉 … 130g
　塩 … 小さじ1/2（2.5g）
　砂糖 … 大さじ1と1/2（13g）

B インスタントドライイースト … 1g
　牛乳 … 100g
　オリーブオイル … 小さじ1

打ち粉（強力粉）… 適量
オリーブオイル … 小さじ1/2
<具材>
ミックスナッツ … 100g
メープルシロップ … 大さじ3
バター（1cm角に切る）… 10g

作り方

1 ボウルに**B**を表記順に入れ、泡立て器で溶き混ぜる。**A**を加えてゴムべらで混ぜ、途中生地に粘りけがでてきたら、カードで粉けがなくなるまで2〜3分混ぜる。

2 **1**にラップをかけ、室温に30分おく。手を水でぬらし、生地の端をひっぱって折りたたむ。同様に生地を1周折りたたみ、上下を返して再度ラップをかけ、室温に30分おく。

3 **2**を野菜室に入れ、生地が約2倍の大きさになるまでひと晩以上おいて一次発酵させる。打ち粉をたっぷりとふり、生地とボウルの間にカードを1周差し込んではがし、ボウルごと逆さにして作業台に取り出す。

4 生地を指で広げて長方形にのばし、左右を1/3ずつ内側に折りたたむ。オーブン用シートを敷いた天板に生地の閉じ目を下にしておき、厚さ約1.5cmに整える。オーブンに入れ、35℃の発酵モードで45分二次発酵させる。

5 フライパンを中火で熱し、ナッツを入れて2〜3分から煎りする。メープルシロップ大さじ2を加え、全体にからんでねっとりとしたら火を止める。オーブン用シートの上に取り出し、広げて冷ます。

6 **4**を取り出し、オーブンを180℃に予熱する。生地の表面にオリーブオイルをぬり、指を生地の底につくまでさして全体に穴をあけ、平たくする。バターをところどころに押し込み、**5**をのせる。180℃のオーブンで約16分焼き、取り出してメープルシロップ大さじ1をかける。

ナッツがローストタイプの場合は、から煎りをしなくてもOK。フライパンが温まったら、ナッツとメープルシロップを加えてください。上面に具をたくさんのせるときは、生地がふくらんでも具が落ちないように、穴を全体にあけて生地を平たくしましょう。

いちご練乳
キャラメル干しいも

チョコラズベリー

バナナアーモンド

STRAWBERRY CONDENSED MILK

いちご練乳

いちごは断面を下にして生地に押し込むと、仕上がりもキュート。
甘酸っぱいいちごと濃厚な甘さの練乳で、子どもも大好きなメニューに。

材料（1個分）

A 強力粉 … 130g
　塩 … 小さじ1/2（2.5g）
　砂糖 … 大さじ1と1/2（13g）
B インスタントドライイースト … 1g
　牛乳 … 100g
　オリーブオイル … 小さじ1
打ち粉（強力粉）… 適量
オリーブオイル … 小さじ1/2
＜具材＞
いちご … 6個
練乳 … 大さじ1

作り方

1 ボウルに**B**を表記順に入れ、泡立て器で溶き混ぜる。**A**を加えてゴムべらで混ぜ、途中生地に粘りけがでてきたら、カードで粉けがなくなるまで2～3分混ぜる。

2 **1**にラップをかけ、室温に30分おく。手を水でぬらし、生地の端をひっぱって折りたたむ。同様に生地を1周折りたたみ、上下を返して再度ラップをかけ、室温に30分おく。

3 **2**を野菜室に入れ、生地が約2倍の大きさになるまでひと晩以上おいて一次発酵させる。打ち粉をたっぷりとふり、生地とボウルの間にカードを1周差し込んではがし、ボウルごと逆さにして作業台に取り出す。

4 生地を指で広げて長方形にのばし、左右を1/3ずつ内側に折りたたむ。オーブン用シートを敷いた天板に生地の閉じ目を下にしておき、厚さ約1.5㎝に整える。オーブンに入れ、35℃の発酵モードで45分二次発酵させる。

5 いちごはへたを取り、縦半分に切る。

6 **4**を取り出し、オーブンを180℃に予熱する。生地の表面にオリーブオイルをぬり、指を生地の底につくまでさして穴を12か所あける。穴に**5**を均等に押し込んでいちごに練乳をかけ、180℃のオーブンで約16分焼く。

CARAMEL DRIED POTETO

キャラメル干しいも

市販のお菓子を活用すれば、濃密なキャラメル味も簡単。
干しいもは、焼きいもにかえて作っても！

材料（1個分）

A 強力粉 … 130g
　塩 … 小さじ1/2（2.5g）
　砂糖 … 大さじ1と1/2（13g）
B インスタントドライイースト … 1g
　牛乳 … 100g
　オリーブオイル … 小さじ1
打ち粉（強力粉）… 適量
オリーブオイル … 小さじ1/2
＜具材＞
干しいも … 40g
ミルクキャラメル（市販品）… 6粒

作り方

1 上記「いちご練乳」の作り方**1**～**4**までと同様に作る。

2 干しいもは12等分に切り、ミルクキャラメルは半分に切る。

3 生地を取り出し、オーブンを180℃に予熱する。生地の表面にオリーブオイルをぬり、指を生地の底につくまでさして穴を12か所あける。穴にミルクキャラメル、干しいもの順で均等に押し込み、180℃のオーブンで約16分焼く。

CHOCOLATE RASPBERRY

チョコラズベリー

ベリー×チョコは、年齢を問わず愛される定番の味。
ホワイトチョコやほかのベリーなどで、アレンジもしやすいです。

材料（1個分）

A 強力粉 … 130g
　塩 … 小さじ1/2（2.5g）
　砂糖 … 大さじ1と1/2（13g）

B インスタントドライイースト … 1g
　牛乳 … 100g
　オリーブオイル … 小さじ1

打ち粉（強力粉）… 適量
オリーブオイル … 小さじ1/2
＜具材＞
チョコレート（ビター）… 40g
ラズベリー（冷凍）… 12個

作り方

1 左記「いちご練乳」の作り方**1**〜**4**までと同様に作る。

2 チョコレートは12等分に切る。

3 生地を取り出し、オーブンを180℃に予熱する。生地の表面にオリーブオイルをぬり、指を生地の底につくまでさして穴を12か所あける。穴に**2**、ラズベリーの順で均等に押し込み、180℃のオーブンで約16分焼く。

BANANA ALMOND

バナナアーモンド

お店では意外と見かけない、バナナを使った菓子パンをおうちで！
アーモンドスライスのパリパリ感も絶妙です。

材料（1個分）

A 強力粉 … 130g
　塩 … 小さじ1/2（2.5g）
　砂糖 … 大さじ1と1/2（13g）

B インスタントドライイースト … 1g
　牛乳 … 100g
　オリーブオイル … 小さじ1

打ち粉（強力粉）… 適量
オリーブオイル … 小さじ1/2
砂糖 … 小さじ1
＜具材＞
バナナ … 大1本
アーモンドスライス… 15g

作り方

1 左記「いちご練乳」の作り方**1**〜**4**までと同様に作る。

2 バナナは長さを12等分に切る。

3 生地を取り出し、オーブンを180℃に予熱する。生地の表面にオリーブオイルをぬり、指を生地の底につくまでさして穴を12か所あける。穴に**2**を均等に押し込んでバナナに砂糖をふり、アーモンドを散らす。180℃のオーブンで約16分焼く。

KUMQUAT

きんかん

フルーツは焼くとうま味がぎゅっと凝縮し、甘みもアップ。
好みでクリームチーズをトッピングしたり、ぶどうや柿をのせたりしても◎。

材料（1個分）

A 強力粉 … 130g
　塩 … 小さじ1/2（2.5g）
　砂糖 … 大さじ1と1/2（13g）

B インスタントドライイースト … 1g
　牛乳 … 100g
　オリーブオイル … 小さじ1

打ち粉（強力粉）… 適量
オリーブオイル … 小さじ1/2
砂糖 … 小さじ1
<具材>
きんかん … 6個

作り方

1 ボウルに**B**を表記順に入れ、泡立て器で溶き混ぜる。**A**を加えてゴムべらで混ぜ、途中生地に粘りけがでてきたら、カードで粉けがなくなるまで2〜3分混ぜる。

2 **1**にラップをかけ、室温に30分おく。手を水でぬらし、生地の端をひっぱって折りたたむ。同様に生地を1周折りたたみ、上下を返して再度ラップをかけ、室温に30分おく。

3 **2**を野菜室に入れ、生地が約2倍の大きさになるまでひと晩以上おいて一次発酵させる。打ち粉をたっぷりとふり、生地とボウルの間にカードを1周差し込んではがし、ボウルごと逆さにして作業台に取り出す。

4 生地を指で広げて長方形にのばし、左右を1/3ずつ内側に折りたたむ。オーブン用シートを敷いた天板に生地の閉じ目を下にしておき、厚さ約1.5㎝に整える。オーブンに入れ、35℃の発酵モードで45分二次発酵させる。

5 きんかんはへたを取り、横半分に切って種を除く。

6 **4**を取り出し、オーブンを180℃に予熱する。生地の表面にオリーブオイルをぬり、指を生地の底につくまでさして穴を12か所あける。穴に**5**を均等に押し込んで砂糖をふり、180℃のオーブンで約16分焼く。

APPLE CRUMBLE

りんごクランブル

りんごは酸味の強い紅玉で作るのがオススメ。洋梨やいちじくで作れば、
ひと味違ったおいしさを楽しめます。火が通りにくいので、焼き時間は長めに！

材料（1個分）

A 強力粉 … 130g
　塩 … 小さじ1/2（2.5g）
　砂糖 … 大さじ1と1/2（13g）

B インスタントドライイースト … 1g
　牛乳 … 100g
　オリーブオイル … 小さじ1

打ち粉（強力粉）… 適量
オリーブオイル … 小さじ1/2
砂糖 … 小さじ1

<具材>
りんご … 1/2個
シナモンパウダー… 少々

<クランブル*>
　薄力粉 … 30g
　バター（食塩不使用・1cm角に切る）、
　　砂糖 … 各15g
　塩 … ひとつまみ

作り方

1 ボウルに**B**を表記順に入れ、泡立て器で溶き混ぜる。**A**を加えてゴムべらで混ぜ、途中生地に粘りけがでてきたら、カードで粉けがなくなるまで2～3分混ぜる。

2 1にラップをかけ、室温に30分おく。手を水でぬらし、生地の端をひっぱって折りたたむ。同様に生地を1周折りたたみ、上下を返して再度ラップをかけ、室温に30分おく。

3 **2**を野菜室に入れ、生地が約2倍の大きさになるまでひと晩以上おいて一次発酵させる。打ち粉をたっぷりとふり、生地とボウルの間にカードを1周差し込んではがし、ボウルごと逆さにして作業台に取り出す。

4 生地を指で広げて長方形にのばし、左右を1/3ずつ内側に折りたたむ。オーブン用シートを敷いた天板に生地の閉じ目を下にしておき、厚さ約1.5cmに整える。オーブンに入れ、35℃の発酵モードで45分二次発酵させる。

5 ボウルにクランブルの材料を入れてさっと混ぜ、バターを指の腹でつぶしながら、両手で手早くすり合わせてぽろぽろのそぼろ状にする。りんごは縦半分に切ってへたと種を除き、皮つきのまま2mm厚さの半月切りにする。

6 **4**を取り出し、オーブンを180℃に予熱する。生地の表面にオリーブオイルをぬり、周囲を約2cm残して約15×20cmに指で平たくのばす。りんごを少しずつ重ねながら並べ、生地に均等に押し込む。りんごに砂糖、シナモンをふってクランブルの1/2量*をのせ、180℃のオーブンで約18分焼く。

*クランブルは全量で2回分です。使用しない分は冷凍用保存袋に入れ、冷凍で約1か月保存可能。使用時は凍ったまま生地にのせ、焼いてください。

サクサクでほろほろと崩れるようなクランブルを作るためには、バターを溶かさないことが重要。バターは使う直前まで冷蔵室で冷やし、手早く材料と合わせてから、そぼろ状になるまで両手ですり合わせましょう。

混ぜる

生地に紅茶やコーヒーを加えれば、香り豊かなスイーツフォカッチャに。
抹茶やにんじんを混ぜれば、色も鮮やかになって気分も高まります。

BLACK TEA CRANBERRY

紅茶クランベリー

オレンジピールやレモンピール、ドライいちじくなどを刻んで加えても！
紅茶は必ず香り高いアールグレイを選んでください。

材料（1個分）

A 強力粉 … 130g
塩 … 小さじ1/2（2.5g）
砂糖 … 大さじ1と1/2（13g）

牛乳 … 120g
インスタントドライイースト … 1g
太白ごま油 … 小さじ1と1/2
打ち粉（強力粉）… 適量
砂糖 … 小さじ1
<具材>
紅茶の茶葉（アールグレイ）
… ティーバッグ2袋（約5g）
クランベリー（ドライ）… 30g

ティーバッグを牛乳に浸して電子レンジで温めれば、手軽に煮出すことができます。紅茶の風味を生かすため、使用する油は香りの強いオリーブオイルではなく、無味無臭でクセのない太白ごま油に。太白ごま油は米油やサラダ油でも代用できます。

作り方

1 ミルクティーを作る。耐熱容器に牛乳、紅茶のティーバッグ1袋を入れ、ふんわりとラップをかけて電子レンジ（600W）で1分30秒加熱し、そのまま冷ます。

2 ボウルにドライイースト、**1**、太白ごま油小さじ1の順に入れ、泡立て器で溶き混ぜる。もう1袋のティーバッグから茶葉を出して加え、**A**も加えてゴムべらで混ぜる。途中生地に粘りけがでてきたら、カードで粉けがなくなるまで2〜3分混ぜる。クランベリーを加え、均一に混ぜる。

3 **2**にラップをかけ、室温に30分おく。手を水でぬらし、生地の端をひっぱって折りたたむ。同様に生地を1周折りたたみ、上下を返して再度ラップをかけ、室温に30分おく。

4 **3**を野菜室に入れ、生地が約2倍の大きさになるまでひと晩以上おいて一次発酵させる。打ち粉をたっぷりとふり、生地とボウルの間にカードを1周差し込んではがし、ボウルごと逆さにして作業台に取り出す。

5 生地を指で広げて長方形にのばし、左右を1/3ずつ内側に折りたたむ。オーブン用シートを敷いた天板に生地の閉じ目を下にしておき、厚さ約1.5㎝に整える。オーブンに入れ、35℃の発酵モードで45分二次発酵させる。

6 **5**を取り出し、オーブンを180℃に予熱する。生地の表面に太白ごま油小さじ1/2をぬり、指を生地の底につくまでさして穴を12か所あける。砂糖をふり、180℃のオーブンで約16分焼く。

CARROT CAKE STYLE

キャロットケーキ風

クリームチーズに砂糖とレモン汁を加えたフロスティングをのせると、
ケーキのような味わいに！　シナモンの香りもアクセント。

材料（1個分）

A 強力粉 … 130g
- シナモンパウダー… 小さじ1/2（1g）
- 塩 … 小さじ1/2（2.5g）
- 砂糖 … 大さじ1と1/2（13g）

B インスタントドライイースト … 1g
- 牛乳 … 75g
- オリーブオイル … 小さじ1

打ち粉（強力粉）… 適量

オリーブオイル… 小さじ1/2

＜具材＞

にんじん … 50g

レーズン、くるみ… 各15g

＜フロスティング＞

- クリームチーズ（室温にもどす）… 70g
- 砂糖 … 15g
- レモンのしぼり汁 … 小さじ1

作り方

1 にんじんはすりおろし、くるみは軽く砕く。

2 ボウルに**B**を表記順に入れ、泡立て器で溶き混ぜる。**1**のにんじん、**A**を加えてゴムべらで混ぜ、途中生地に粘りけがでてきたら、カードで粉けがなくなるまで２～３分混ぜる。レーズン、**1**のくるみを加え、均一に混ぜる。

3 **2**にラップをかけ、室温に30分おく。手を水でぬらし、生地の端をひっぱって折りたたむ。同様に生地を1周折りたたみ、上下を返して再度ラップをかけ、室温に30分おく。

4 **3**を野菜室に入れ、生地が約２倍の大きさになるまでひと晩以上おいて一次発酵させる。打ち粉をたっぷりとふり、生地とボウルの間にカードを1周差し込んではがし、ボウルごと逆さにして作業台に取り出す。

5 生地を指で広げて長方形にのばし、左右を1/3ずつ内側に折りたたむ。オーブン用シートを敷いた天板に生地の閉じ目を下にしておき、厚さ約1.5㎝に整える。オーブンに入れ、35℃の発酵モードで45分二次発酵させる。

6 **5**を取り出し、オーブンを180℃に予熱する。生地の表面にオリーブオイルをぬり、指を生地の底につくまでさして穴を12か所あける。180℃のオーブンで約16分焼き、取り出して冷ます。

7 ボウルにフロスティングの材料を入れてゴムべらで混ぜる。**6**の表面全体にぬる。

MATCHA SUGARED BEANS

抹茶甘納豆

甘納豆の甘みと抹茶の上品な苦みで、和菓子のようなフォカッチャに。
抹茶は少しだけ良質なものを使うと、鮮やかでキレイな色みになります。

材料（1個分）

A 強力粉 … 130g
抹茶（粉末）… 3g
塩 … 小さじ1/2（2.5g）
砂糖 … 大さじ1と1/2（13g）

B インスタントドライイースト … 1g
牛乳 … 100g
太白ごま油 … 小さじ1

打ち粉（強力粉）… 適量
太白ごま油 … 小さじ1/2
<具材>
甘納豆（市販品）… 100g

作り方

1 ボウルに**B**を表記順に入れ、泡立て器で溶き混ぜる。**A**を加えてゴムべらで混ぜ、途中生地に粘りけがでてきたら、カードで粉けがなくなるまで2～3分混ぜる。

2 **1**にラップをかけ、室温に30分おく。手を水でぬらし、生地の端をひっぱって折りたたむ。同様に生地を1周折りたたみ、上下を返して再度ラップをかけ、室温に30分おく。

3 **2**を野菜室に入れ、生地が約2倍の大きさになるまでひと晩以上おいて一次発酵させる。打ち粉をたっぷりとふり、生地とボウルの間にカードを1周差し込んではがし、ボウルごと逆さにして作業台に取り出す。

4 生地を指で広げて長方形にのばし、左右を1/3ずつ内側に折りたたむ。オーブン用シートを敷いた天板に生地の閉じ目を下にしておき、厚さ約1.5㎝に整える。オーブンに入れ、35℃の発酵モードで45分二次発酵させる。

5 **4**を取り出し、オーブンを180℃に予熱する。生地の表面に太白ごま油をぬり、指を生地の底につくまでさして全体に穴をあけ、平たくする。甘納豆をのせて軽く押し、180℃のオーブンで約16分焼く。

CHESTNUT COFFEE

栗コーヒー

甘いものが苦手な人にも食べて欲しいメニュー。
コーヒーの香りと栗と黒糖の滋味深い甘さで、大人のスイーツに。

材料（1個分）

A 強力粉 … 130g
塩 … 小さじ1/2（2.5g）
砂糖 … 大さじ1と1/2（13g）

B インスタントドライイースト … 1g
インスタントコーヒー…大さじ1
牛乳 … 100g
太白ごま油 … 小さじ1

打ち粉（強力粉）… 適量
太白ごま油 … 小さじ1/2
<具材>
栗の渋皮煮（市販品）…6粒
黒糖 … 大さじ1/2

びん詰めなどの市販品を上手に活用すれば、手間をかけて作る秋の味覚を手軽に取り入れられます。マロングラッセで作っても。

作り方

1 ボウルに**B**を表記順に入れ、泡立て器でよく溶き混ぜる。**A**を加えてゴムべらで混ぜ、途中生地に粘りけがでてきたら、カードで粉けがなくなるまで2～3分混ぜる。

2 上記「抹茶甘納豆」の作り方**2**～**4**までと同様に作る。

3 栗は半分に切る。

4 生地を取り出し、オーブンを180℃に予熱する。生地の表面に太白ごま油をぬり、指を生地の底につくまでさして穴を12か所あける。穴に**3**を均等に押し込んで栗に黒糖をふり、180℃のオーブンで約16分焼く。

栗コーヒー

抹茶甘納豆

Part 3 ／ 型フォカッチャ

生地は型を使って焼くと、広がらずに
見た目も整い、しっとり焼けます。
持ち寄りメニューとしても大活躍します。

ホーローバットで焼く

身近なバットは型としても万能！　具材をたっぷりのせても、
生地がダレずにキレイに焼けます。ほかのフォカッチャも、同様にバットで焼いてOKです。

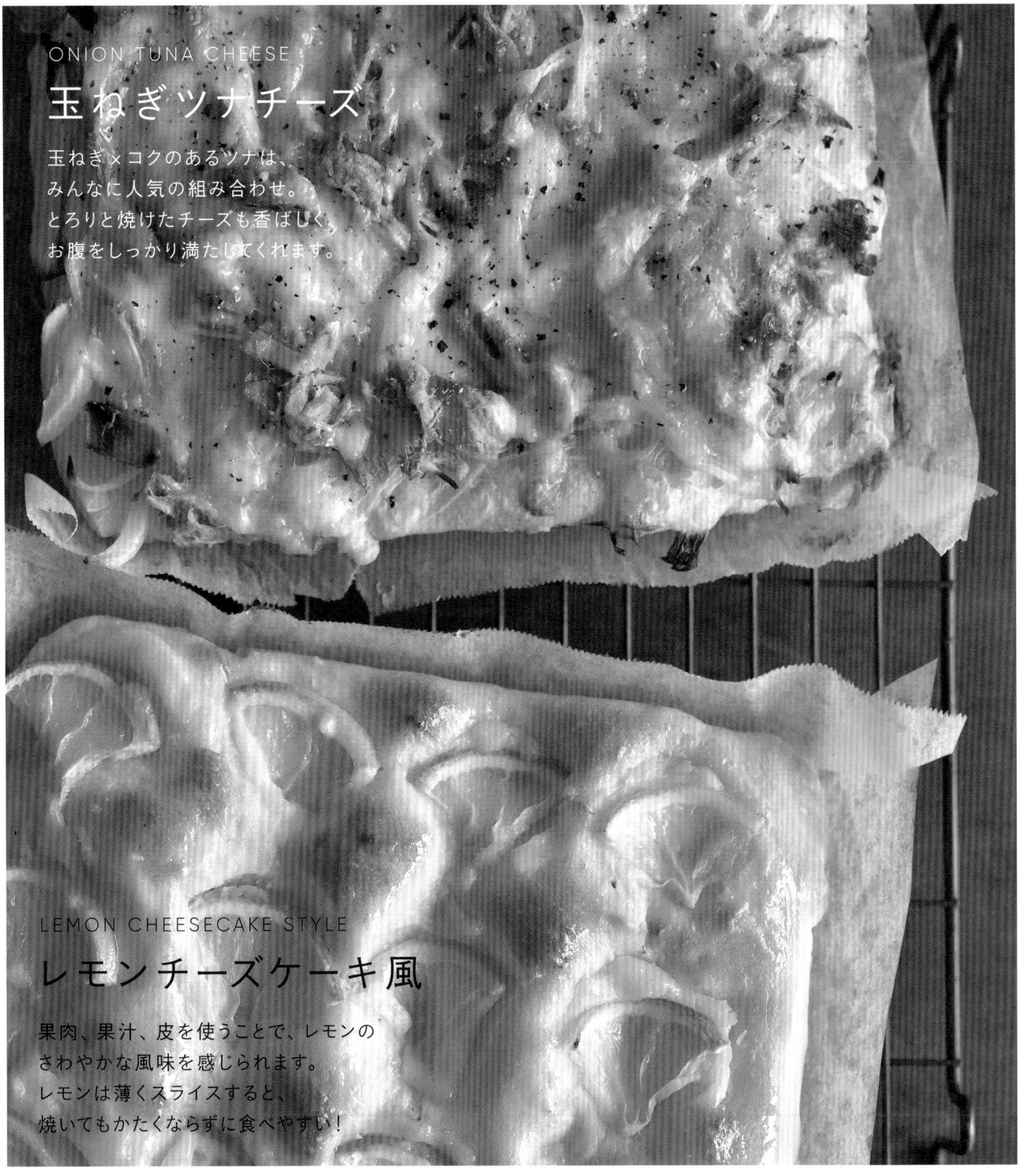

ONION TUNA CHEESE

玉ねぎツナチーズ

玉ねぎ×コクのあるツナは、
みんなに人気の組み合わせ。
とろりと焼けたチーズも香ばしく、
お腹をしっかり満たしてくれます。

LEMON CHEESECAKE STYLE

レモンチーズケーキ風

果肉、果汁、皮を使うことで、レモンの
さわやかな風味を感じられます。
レモンは薄くスライスすると、
焼いてもかたくならずに食べやすい！

玉ねぎツナチーズ

材料（約21×16×3㎝の型1個分）

A 強力粉 … 130g
　塩 … 小さじ1/2（2.5g）
　砂糖 … 大さじ1（9g）
B インスタントドライイースト … 1g
　水 … 90g
　オリーブオイル … 小さじ1
打ち粉（強力粉）… 適量
オリーブオイル … 小さじ1
粗塩… ひとつまみ
粗びき黒こしょう … 少々
<具材>
玉ねぎ… 1/2個（100g）
ツナ缶 … 1/2缶（35g）
ピザ用チーズ … 50g

作り方

1 ボウルに**B**を表記順に入れ、泡立て器で溶き混ぜる。**A**を加えてゴムべらで混ぜ、途中生地に粘りけがでてきたら、カードで粉けがなくなるまで2～3分混ぜる。

2 **1**にラップをかけ、室温に30分おく。手を水でぬらし、生地の端をひっぱって折りたたむ。同様に生地を1周折りたたみ、上下を返して再度ラップをかけ、室温に30分おく。

3 **2**を野菜室に入れ、生地が約2倍の大きさになるまでひと晩以上おいて一次発酵させる。打ち粉をたっぷりとふり、生地とボウルの間にカードを1周差し込んではがし、ボウルごと逆さにして作業台に取り出す。

4 生地を指で広げて長方形にのばし、左右を1/3ずつ内側に折りたたむ。バットにオーブン用シートを敷いてオリーブオイル小さじ1/2をぬり、生地の閉じ目を下にしておく。指で生地をバットの大きさに広げ、オーブンに入れて35℃の発酵モードで45分二次発酵させる。

5 玉ねぎは薄切りにし、ツナは缶汁をきる。

6 **4**を取り出し、オーブンを190℃に予熱する。生地の表面にオリーブオイル小さじ1/2をぬり、指を生地の底につくまでさして全体に穴をあける。玉ねぎをのせて粗塩をふり、ツナ、ピザ用チーズを散らす。190℃のオーブンで約20分焼き、取り出して黒こしょうをふる。

レモンチーズケーキ風

材料（約21×16×3㎝の型1個分）

A 強力粉 … 130g
　塩 … 小さじ1/2（2.5g）
　砂糖 … 大さじ1と1/2（13g）
B インスタントドライイースト … 1g
　牛乳 … 100g
　オリーブオイル … 小さじ1
打ち粉（強力粉）… 適量
オリーブオイル … 小さじ1
<具材>
レモン（国産）… 1個
クリームチーズ（室温にもどす）… 50g
砂糖 … 10g
はちみつ … 大さじ1/2

作り方

1 上記「玉ねぎツナチーズ」の作り方**1**～**4**までと同様に作る。

2 レモンは2㎜幅のいちょう切りをトッピング用に12切れ用意し、残りは1/2個分の皮をすりおろし、果汁を大さじ1しぼる。ボウルにクリームチーズ、砂糖、レモンの皮としぼり汁を入れ、泡立て器で混ぜてレモンクリームを作る。

3 生地を取り出し、オーブンを180℃に予熱する。生地の表面にオリーブオイル小さじ1/2をぬり、指を生地の底につくまでさして穴を12か所あける。穴にレモンクリームを均等に押し込んでトッピング用のレモンをのせ、レモンにはちみつをかける。180℃のオーブンで約20分焼く。

〈オーブン用シートの敷き方〉

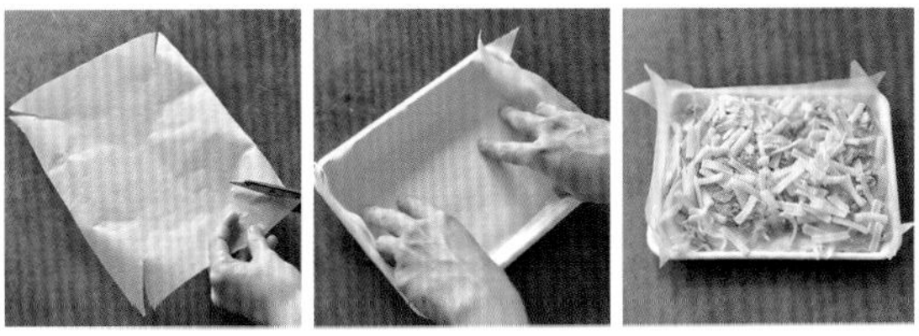

オーブン用シートをバットよりひとまわり大きく切り、四隅に切り込みを斜めに深く入れる。バットに沿わせ、指でしっかりと押さえてすき間なく敷く。

丸型で焼く

丸型で焼くことで、ケーキのような愛らしい仕上がりに。
生地に高さが出た分、生焼けにならないようにしっかりと焼きましょう。

TARO BACON

里いもベーコン

淡泊な里いもには、塩を多めにふりましょう。
好みでチーズを加え、さらに塩味を足しても！
食べ応えたっぷりのおかずフォカッチャは、
朝食やブランチにも重宝します。

COCOA CHERRY

ココアチェリー

ココア生地にさくらんぼを合わせた、
フランス菓子“フォレノワール”を意識！
アメリカンチェリーが出回る季節は、
フレッシュなものを使っても。

里いもベーコン

材料（直径約15㎝の型1個分）

A 強力粉 … 130g
塩 … 小さじ1/2（2.5g）
砂糖 … 大さじ1（9g）
B インスタントドライイースト … 1g
水 … 90g
オリーブオイル … 小さじ1
打ち粉（強力粉）… 適量
オリーブオイル … 小さじ1と1/2
粗塩… ふたつまみ
粗びき黒こしょう … 少々
＜具材＞
里いも（冷凍）… 130g
ベーコン（ブロックタイプ）… 50g

作り方

1 ボウルに**B**を表記順に入れ、泡立て器で溶き混ぜる。**A**を加えてゴムべらで混ぜ、途中生地に粘りけがでてきたら、カードで粉けがなくなるまで2～3分混ぜる。

2 **1**にラップをかけ、室温に30分おく。手を水でぬらし、生地の端をひっぱって折りたたむ。同様に生地を1周折りたたみ、上下を返して再度ラップをかけ、室温に30分おく。

3 **2**を野菜室に入れ、生地が約2倍の大きさになるまでひと晩以上おいて一次発酵させる。打ち粉をたっぷりとふり、生地とボウルの間にカードを1周差し込んではがし、ボウルごと逆さにして作業台に取り出す。

4 生地を指で広げて長方形にのばし、左右を1/3ずつ内側に折りたたむ。型にオーブン用シートを敷いてオリーブオイル小さじ1/2をぬり、生地の閉じ目を下にしておく。指で生地を型の大きさに広げ、オーブンに入れて35℃の発酵モードで45分二次発酵させる。

5 耐熱皿に里いもをのせ、ラップをかけずに電子レンジ（600W）で約2分加熱する。水けをペーパータオルでふき、半分に切る。ベーコンは1㎝厚さの短冊切りにする。

6 **4**を取り出し、オーブンを190℃に予熱する。生地の表面にオリーブオイル小さじ1/2をぬり、指を生地の底につくまでさして全体に穴をあける。穴に**5**を均等に押し込んで、粗塩、黒こしょうをふる。190℃のオーブンで約22分焼き、取り出してオリーブオイル小さじ1/2をかける。

ココアチェリー

材料（直径約15㎝の型1個分）

A 強力粉 … 120g
ココアパウダー（無糖）… 10g
塩 … 小さじ1/2（2.5g）
砂糖 … 大さじ1と1/2（13g）
B インスタントドライイースト … 1g
牛乳 … 105g
太白ごま油 … 小さじ1
打ち粉（強力粉）… 適量
太白ごま油 … 小さじ1
粉砂糖 … 小さじ1
＜具材＞
ダークチェリー（缶詰）… 12粒
チョコレート（ビター）… 15g

作り方

1 上記「里いもベーコン」の作り方**1**～**4**までと同様に作る。ただし、オーブン用シートには太白ごま油小さじ1/2をぬる。

2 チェリーは缶汁をペーパータオルでふく。チョコレートは12等分に切る。

3 生地を取り出し、オーブンを180℃に予熱する。生地の表面に太白ごま油小さじ1/2をぬり、指を生地の底につくまでさして穴を12か所あける。穴にチョコレート、チェリーの順で均等に押し込み、180℃のオーブンで約20分焼く。取り出して冷まし、茶こしで粉砂糖をふる。

〈オーブン用シートの敷き方〉

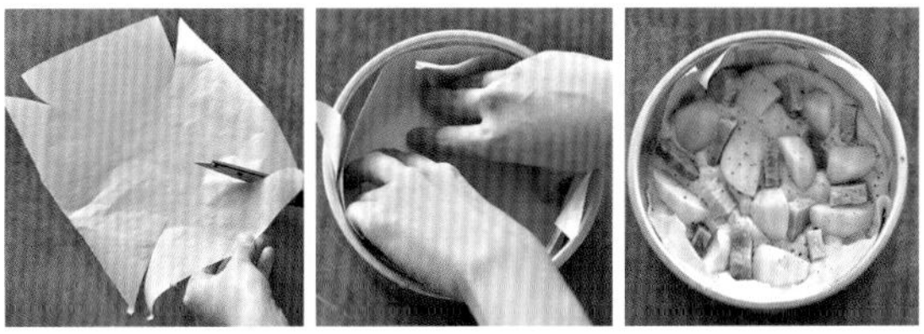

オーブン用シートを型よりひとまわり大きく切り、四隅に切り込みを斜めに深く入れる。型の底面に沿わせ、指でしっかりと押さえてすき間なく敷く。

材料を倍にして スクエア型で焼く

容量の大きな深型は、生地を２倍量にして大きく焼けます。
しっとり、ふっくらした食感を一番楽しめるフォカッチャで、大人数のおもてなしにも◎。

SHRIMP & AVOCADO MUSHROOM

えびとアボカドマッシュルーム

見栄えのよさとおいしさを兼ね備えた、女性が喜ぶメニュー。
濃厚なアボカドとえびのプリプリ感がたまりません！

3 KINDS OF FRUIT

３種のフルーツ

ジューシーなフルーツとココナッツを合わせ、
リッチな甘さに。季節や気分によって
フルーツをかえたり、クリームチーズをトッピングしても。

えびとアボカドマッシュルーム

材料（約18×18×5cmの型1個分）

A 強力粉 … 260g
- 塩 … 小さじ1（5g）
- 砂糖 … 大さじ2（18g）

B インスタントドライイースト … 2g
- 水 … 180g
- オリーブオイル … 小さじ2

打ち粉（強力粉）… 適量
粗塩… ふたつまみ
オリーブオイル… 大さじ1と1/2
＜具材＞
むきえび … 中8尾
アボカド … 1/2個
マッシュルーム … 4個

作り方

1. ボウルに**B**を表記順に入れ、泡立て器で溶き混ぜる。**A**を加えてゴムべらで混ぜ、途中生地に粘りけがでてきたら、カードで粉けがなくなるまで2〜3分混ぜる。
2. **1**にラップをかけ、室温に30分おく。手を水でぬらし、生地の端をひっぱって折りたたむ。同様に生地を1周折りたたみ、上下を返して再度ラップをかけ、室温に30分おく。
3. **2**を野菜室に入れ、生地が約2倍の大きさになるまでひと晩以上おいて一次発酵させる。打ち粉をたっぷりとふり、生地とボウルの間にカードを1周差し込んではがし、ボウルごと逆さにして作業台に取り出す。
4. 生地を指で広げて長方形にのばし、左右を1/3ずつ内側に折りたたむ。型にオーブン用シートを敷いてオリーブオイル大さじ1/2をぬり、生地の閉じ目を下にしておく。指で生地を型の大きさに広げ、オーブンに入れて35℃の発酵モードで45分二次発酵させる。
5. 鍋に湯を沸かし、塩少々（分量外）、えびを入れて30秒ほどゆで、水けをきる。アボカドは種と皮を除いてひと口大に切り、マッシュルームは縦半分に切る。
6. **4**を取り出し、オーブンを190℃に予熱する。生地の表面にオリーブオイル大さじ1/2をぬり、指を生地の底につくまでさして全体に穴をあける。**5**を均等に押し込むようにしてのせ、粗塩をふってオリーブオイル大さじ1/2をかける。190℃のオーブンで約22分焼く。

3種のフルーツ

材料（約18×18×5cmの型1個分）

A 強力粉 … 260g
- 塩 … 小さじ1（5g）
- 砂糖 … 大さじ3（26g）

B インスタントドライイースト … 2g
- 牛乳 … 200g
- オリーブオイル … 小さじ2

打ち粉（強力粉）… 適量
オリーブオイル … 大さじ1
砂糖 … 大さじ1/2
＜具材＞
黄桃（缶詰）… 70g
パイナップル（缶詰）… 70g
クランベリー（ドライ）… 15g
ココナッツファイン … 5g

作り方

1. 上記「えびとアボカドマッシュルーム」の作り方**1**〜**4**までと同様に作る。
2. 黄桃とパイナップルは約2cm大に切り、缶汁をペーパータオルでふく。
3. 生地を取り出し、オーブンを180℃に予熱する。生地の表面にオリーブオイル大さじ1/2をぬり、指を生地の底につくまでさして全体に穴をあける。**2**とクランベリーを均等に押し込むようにしてのせ、ココナッツ、砂糖を散らす。180℃のオーブンで約22分焼く。

〈オーブン用シートの敷き方〉

オーブン用シートを型よりひとまわり大きく切り、四隅に切り込みを斜めに深く入れる。型の底面に沿わせ、指でしっかりと押さえてすき間なく敷く。

DRY CURRY

ドライカレー

スパイシーなドライカレーをたっぷりのせ、生地にはカレー粉もプラス。
圧倒的なボリュームは、まさにごちそう！　ビールも進みます。

材料（約18×18×5cmの型1個分）

A 強力粉 … 260g
カレー粉 … 大さじ1（6g）
塩 … 小さじ1（5g）
砂糖 … 大さじ2（18g）

B インスタントドライイースト … 2g
水 … 180g
オリーブオイル … 小さじ2

打ち粉（強力粉）… 適量
オリーブオイル … 大さじ2
粗塩… ひとつまみ

＜具材＞
合いびき肉 … 200g
オクラ … 2本
なす … 1本
ヤングコーン … 4本
パプリカ（赤）… 1/8個

C 玉ねぎ（みじん切り）… 100g
にんにく（みじん切り）… 1かけ分
カレー粉 … 大さじ1（6g）

D 中濃ソース、トマトケチャップ
… 各大さじ1と1/2

ドライカレーはフライパン1つで簡単！　トッピングの野菜は好みのものでよいですが、火が通りづらいものは薄切りにしましょう。カラフルなミニトマトも合います。

作り方

1 ボウルに**B**を表記順に入れ、泡立て器で溶き混ぜる。**A**を加えてゴムべらで混ぜ、途中生地に粘りけがでてきたら、カードで粉けがなくなるまで2～3分混ぜる。

2 **1**にラップをかけ、室温に30分おく。手を水でぬらし、生地の端をひっぱって折りたたむ。同様に生地を1周折りたたみ、上下を返して再度ラップをかけ、室温に30分おく。

3 **2**を野菜室に入れ、生地が約2倍の大きさになるまでひと晩以上おいて一次発酵させる。打ち粉をたっぷりとふり、生地とボウルの間にカードを1周差し込んではがし、ボウルごと逆さにして作業台に取り出す。

4 生地を指で広げて長方形にのばし、左右を1/3ずつ内側に折りたたむ。型にオーブン用シートを敷いてオリーブオイル大さじ1/2をぬり、生地の閉じ目を下にしておく。指で生地を型の大きさに広げ、オーブンに入れて35℃の発酵モードで45分二次発酵させる。

5 フライパンにオリーブオイル大さじ1/2を中火で熱する。**C**を入れて玉ねぎがしんなりとするまで炒め、ひき肉を加えて色が変わるまで炒める。**D**を加えて水けが飛ぶまで炒め、取り出して冷ます。

6 オクラはへたを除いて縦半分に切る。なすはへたを除いて縦半分に切り、へた側を少し残した状態で、縦に2mm間隔で切り込みを入れる。ヤングコーンは長さを半分に切り、パプリカはへたと種を除いてひと口大の乱切りにする。

7 **4**を取り出し、オーブンを190℃に予熱する。生地の表面にオリーブオイル大さじ1/2をぬり、指を生地の底につくまでさして全体に穴をあける。**5**をのせ、**6**を均等に押し込むようにしてのせる。野菜に粗塩をふってオリーブオイル大さじ1/2をかけ、190℃のオーブンで約22分焼く。

MANAMI IKEDA

池田 愛実 いけだ まなみ

湘南・辻堂でパン教室「crumb-クラム」を主宰。慶應義塾大学教育学科で食育を学ぶ。同時期にル・コルドン・ブルー東京校のパン科を卒業し、同校のアシスタントを務める。26歳の時に渡仏し、M.O.F.（フランス国家最優秀職人章）のパン屋２軒で働きながら経験を積む。帰国後は都内のレストランでパンの商品開発や製造に携わり、現在は「少ないイースト」、「自家製酵母」、「国産小麦」をテーマにしたパン教室を開いている。本書がはじめての著作となる。

調理アシスタント／大塚康恵、野上律子、松下明日香

デザイン／髙橋朱里、菅谷真理子（マルサンカク）

撮影／菊地 菫（家の光写真部）

編集・スタイリング／中田裕子

校正／ケイズオフィス

DTP制作／天龍社

撮影協力／UTUWA

食材提供／TOMIZ（富澤商店）
https://tomiz.com/
042-776-6488

こねずにできる ふんわりもちもち
フォカッチャ

2020年6月20日 第1版発行

著者 池田 愛実

発行者 関口 聡

発行所 一般社団法人 家の光協会
〒162-8448
東京都新宿区市谷船河原町11
電話 03-3266-9029（販売）
03-3266-9028（編集）

振替 00150-1-4724

印刷・製本 図書印刷株式会社

乱丁・落丁本はお取り替えいたします。
定価はカバーに表示してあります。

ISBN978-4-259-56655-5 C0077